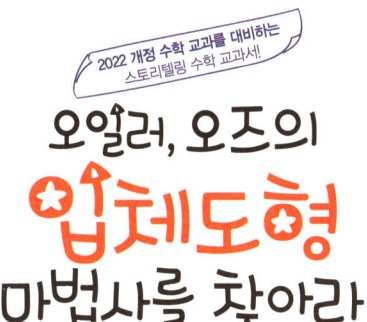

오일러, 오즈의 입체도형 마법사를 찾아라

2022 개정 수학 교과를 대비하는
스토리텔링 수학 교과서!

초등 3·4학년 수학동화 시리즈 ❹
오일러, 오즈의 입체도형 마법사를 찾아라(개정판)

3판 1쇄 발행 2024년 2월 15일

글쓴이	이안
그린이	한수언

펴낸이	이경민
펴낸곳	㈜동아엠앤비
출판등록	2014년 3월 28일(제25100-2014-000025호)
주소	(03972) 서울특별시 마포구 월드컵북로 22길 21, 2층
전화	(편집) 02-392-6901 (마케팅) 02-392-6900
팩스	02-392-6902
전자우편	damnb0401@naver.com
SNS	

ⓒ 이안, 한수언

ISBN 979-11-6363-760-8 (74410)
　　　979-11-6363-750-9(세트)

※ 책 가격은 뒤표지에 있습니다.
※ 잘못된 책은 구입한 곳에서 바꿔 드립니다.

 도서출판 뭉치는 ㈜동아엠앤비의 어린이 출판 브랜드로, 아이들의 지식을 단단하게 만들어 주고, 아이들의 창의력과 사고력을 키워 주어 우리 자녀들이 융합형 창의 사고 뭉치로 성장할 수 있도록 좋은 책을 만들겠습니다.

추천의 글

　우리 자녀가 수학도 잘하고, 언어도 잘하면 얼마나 좋을까요? 지름길이 있어요! 바로 수학을 동화 속에서 만나는 것이지요. 수리적인 우뇌와 언어영역인 좌뇌의 성장을 골고루 촉진하는 방법은 바로 스토리텔링으로 하는 수학, 수학동화니까요.

　이 책은 초등 3, 4학년 학생이 읽으면 5, 6학년 수학 내용을 쉽고도 재미있게 터득하도록 기획하였어요. 아이들이 그 동안 알고 있던 동화의 주인공들이 모두 등장하여 화려하고 역동적인 무대가 펼쳐진답니다. 별주부전의 용왕님과 자라, 코가 길어졌던 피노키오, 착한 콩쥐와 심술쟁이 팥쥐, 새엄마와 언니들한테 괄시받다 왕자님과 결혼한 신데렐라, 가난했지만 착했던 흥부, 빨간 구두의 소녀 카렌 등 많은 동화 속의 주인공들이 등장하여 이야기를 흥미진진하게 이끌어가지요. 어렸을 적에 동화 속에서 만났던 주인공들의 이야기는 학습이 이루어지는 시냅스의 연결망에 흔적을 남기고, 훗날 교과서에서 수학을 배울 때 시냅스의 연결망이 자연스레 작동을 하게 되는 거죠.

　책 사이사이에 있는 Tips은 부모님들에게도 교양서 역할을 톡톡히 할 것입니다. 아이돌 가수의 수는 왜 홀수일까? 옛날 이집트인의 계산법, 공평하게 케이크를 나누는 방법 등을 배울 수 있어요.

　한편 2022년 개정 수학교과 과정에서는 수와 연산, 변화와 관계, 도형과 측정, 자료와 가능성 등 4개 영역으로 통합하였습니다. 이는 초등과 중등의

연계성 강화입니다. 〈초등 3·4학년 수학동화〉 시리즈는 교과 과정 변화에도 공통적으로 성취해야 할 수학 학습 내용이 모두 들어 있습니다. 부모님이 읽은 후 인지하여 서서히 생활 속에서 아이들과 대화를 이끌어나가면 중학수학, 고등수학에서도 유능하고 현명하게 소통하는 부모의 역할을 충분히 잘할 수 있답니다.

현재 세계 수학 교육의 방향을 선도하며 영향력을 미치는 기구로 1920년에 수학 교육 전문가들로 구성된 미국수학교사협의회(NCTM, The National Council of Teachers of Mathematics)가 있습니다. 21세기 인재 양성을 위해 NCTM에서 제시하는 수학 교육의 목표는, 수학적 문제를 해결하는 사람, 수학적으로 의사소통하는 사람, 수학적으로 추론하는 사람입니다. 부디 자녀와 학부모에게 수학적으로 소통할 수 있는 가교의 역할을 하길 기대하면서 이 책을 추천합니다.

계영희
고신대학교 유아교육과 명예교수, 전 한국수학사학회 부회장

작가의 말

최근 스토리텔링 수학이 아주 유행을 하고 있어요. 학과 과정이 통합교육화 되면서 나타난 현상이지요. 그래서 걱정도 많아졌답니다.

"어쩌지? 이젠 단지 계산만 하는 수학이 아니라잖아."

"그래. 문장과 내용 이해도가 높아야 수학도 잘할 수 있대."

무엇을 어떻게 공부해야 할지 몰라서 우왕좌왕하는 학생과 학부모가 많아졌지요. 하지만 걱정할 필요가 없어요. 「초등3·4학년 수학동화」를 통해 이 모든 문제를 해결할 수 있거든요.

「초등3·4학년 수학동화」는 어린 시절부터 편안하게 들어오던 명작동화를 통해 어려운 수학을 재미있게 공부하고, 쉽게 이해하도록 구성된 책이에요.

이 책 속에는 아주 많은 명작동화의 주인공들이 등장해요. 거짓말을 하면 코가 늘어나는 피노키오와 이상한 나라로 가 버린 앨리스, 그리고 집을 찾아야 하는 도로시 등…….

이들이 수학책에 왜 등장하냐고요?

혹시 이런 생각을 해본 적은 없나요? 피노키오나 앨리스 그리고 도로시 등의 명작동화 주인공들은 수학을 잘했을까? 만약 수학을 잘했다면 주인공들이 처한 어려운 상황을 훨씬 잘 극복하지 않았을까? 수학은 단지 셈만 잘하게 만드는 게 아니거든요. 수 계산을 하다 보면 그 속에서 생각이 깊어지고, 상상력이 커지면서 지혜가 생겨난답니다.

　이 책의 주인공은 오일러라는 소년이에요. 여러분 나이 또래의 아이지요. 오일러는 어느 날 애견 매씨와 함께 동화나라로 가게 되고, 그곳에서 명작동화에서 보았던 많은 주인공들을 만나게 되지요.
　그런데 동화나라의 주인공들은 모두 엉터리 도형의 세계에 빠져 있지 뭐예요. 그 때문에 피노키오는 코가 계속 길어지고, 도로시는 집으로 돌아갈 집을 찾을 수가 없어요.
　왜 이런 일이 벌어진 걸까요?
　지금부터 여러분이 할 일은 바로 오일러, 매씨 그리고 동화 속 주인공들과 함께 그 이유를 찾아내는 거예요. 그리고 잘못된 도형 정보를 바로 잡아서 위기에 빠진 주인공들을 구해내는 거지요.
　어려울 것 같다고요?
　천만에요. 오일러와 매씨와 함께라면 어려울 것도 두려울 것도 없답니다. 명작동화 속의 주인공들과 떠나는 특별한 수학여행이니까요.
　자, 이제 책장을 넘겨 보세요.
　오일러를 따라 동화나라로 가기만 하면 된답니다. 명작동화 속의 인물들과 함께 도형을 가지고 놀다 보면 저만치 떨어져서 뒹구는 배꼽을 발견하게 될지도 몰라요. 그리고 문득 정신을 차려보면 도형 박사가 된 자신을 깨닫게 되지요.
　그래서 이렇게 소리치게 될 게 분명해요.
　"우와! 명작동화 친구들과 하는 도형 놀이가 세상에서 제일 재미있어!"

수학 교과서에 맞는 활용법

2012년 1월 교육과학기술부는 사고력과 창의력을 키우고, 수학에 대한 흥미와 긍정적 인식을 높이기 위한 〈수학교육 선진화 방안〉을 발표하였습니다. 이 수학교육 선진화 방안의 일환으로 '스토리텔링 수학'이 도입되었습니다. 개정된 수학 교과서는 형식은 스토리텔링 수학을, 내용에서는 실생활 연계 통합교과형(STEAM) 수학을 보여주었습니다.

스토리텔링 수학의 핵심은 수학을 단순히 연산능력이나 공식 암기로 생각하지 않도록 이야기를 활용해 쉽고 재미있게 배운다는 것입니다. 학생들에게 실생활이나 동화의 익숙한 상황을 제시해 수학에 대해 호기심과 흥미를 유발할 뿐 아니라, 더 나아가 수학에 대한 인식을 개선하고 스스로 학습하는 동기를 부여합니다. 예를 들어 수학을 실생활에서 이야기나 과학, 음악, 미술 등의 연계 과목과 함께 접목해 설명하면서 개념을 보다 쉽게 이해하게 하는 학습법입니다.

이후 2022 개정 교육과정이 발표되었습니다. 수학 교과서가 검정으로 바뀐 뒤 학교마다 다른 교과서를 사용하지만 기본적으로 꼭 알아야 할 성취 기준은 공통입니다. 또한 초중등 수학의 목표는 '초등과 중등의 연계성 강화'입니다. 이를 위해 교과 영역을 통합하고 과정을 간소화합니다. 즉 크게 수와 연산, 변화와 관계, 도형과 측정, 자료와 가능성 등 4개 영역으로 통합하였습니다. 하지만 여전히 단원 시작은 스토리텔링을 통해 학생들의 호기심과 흥미를 유발합니다.

　그럼 스토리텔링 수학은 어떻게 준비해야 할까요? 전문가들은 일상에서 수학적 요소를 파악하는 것에 재미를 느낄 수 있도록 체험 활동과 독서 활동을 추천합니다.

　「초등 3·4학년 수학동화」 시리즈는 이러한 수학교육의 변화에 맞춘 학습 동화입니다. 아이들에게 익숙한 명작동화나 전래동화의 주인공들과 저명한 수학자의 이름을 가진 주인공들이 동화나라를 구하기 위해 여러 가지 모험을 펼치는 이야기로 주인공들을 따라가다 보면 자연스럽게 학습 내용을 익히도록 구성되었습니다. 또한 한 장이 끝날 때마다 앞에서 배운 내용들을 정리하고, 책 속 부록인 '역사에서 수학 읽기', '생활 속에서 수학 읽기', '체육에서 수학 읽기' 등은 생활 연계 통합교과형 수학에 부합하도록 구성되어 있습니다.

　「초등 3·4학년 수학동화」 시리즈는 수학을 좀 더 재미있고 쉽게 배울 수 있는 최적의 수학 동화 시리즈입니다. 동화 속 주인공들과 함께 신나는 모험을 떠나 보세요. 그러면 자신도 모르는 사이에 수학 개념과 문제 해결 방법을 깨닫고 수학에 흥미를 가지게 될 것입니다.

편집부

이야기 하나

평행선 길을 찾아라!

📖 각도와 삼각형
수직과 평행

"엉엉엉!"

"흑흑흑!"

이상한 울음소리에 오일러가 잠을 깬 건 깊은 밤중이었어요.

"이게 무슨 소리지?"

눈을 뜬 오일러는 어리둥절한 표정으로 주위를 두리번거렸지요.

그때 낯익은 목소리가 들려왔어요.

"오일러! 어서 일어나! 동화 나라에서 누군가 울고 있어. 우리가 다시 동화 나라로 가야겠어!"

그 목소리의 주인공은 바로 애완견 매씨였어요. 매씨가 다시 말을 하기 시작한 거예요.

오일러는 얼마 전에 도형 정보를 엉망으로 만들어서 동화 나라를 이상한 나라로 만들려는 분노 여왕의 계략을 매씨와 함께 막아냈어요.

그런데 매씨가 다시 말을 하다니! 그건 동화 나라에 또 문제가 생겼다는 뜻이에요.

"오일러! 절대수학사전이 완전하게 돌아온 게 아니었어. 뒷부분이 아직 백지로 남아 있었어. 다시 동화 나라로 가야 해!"

매씨의 말에 오일러는 황급히 서재로 달려가 절대수학사전을 펼쳐 보았지요.

역시! 사전의 뒷부분이 텅 비어 있었어요.

"엉엉엉!"

"흑흑흑!"

어디선가 낯선 울음소리도 다시 들려오고 있었지요.

"저 울음소리는 동화 나라에서 들려오는 거야. 뭔가 문제가 생긴

게 틀림없어. 어서 동화 나라로 가자!"
 그리고 매씨가 오일러를 잡아끄는 순간, 펑!
 매씨와 오일러는 갑자기 벽에 나타난 시커먼 구멍 속으로 쑥 빨려 들어갔어요.

'여기가 어딜까?'

눈을 뜬 오일러는 화들짝 놀라고 말았어요.

"으아악! 저게 뭐야?"

눈앞에 이상한 무리가 서 있었거든요.

가장 먼저 보인 건 사자였어요. 갈기를 휘날리는 무서운 사자! 매씨도 놀란 듯 오일러의 곁으로 와서 바르르 몸을 떨었어요.

사자 옆에는 짚으로 만든 허수아비가 서 있었어요. 그리고 양철로 만들어진 나무꾼이 도끼를 들고 서 있는 모습과 그 곁에 선 예쁜 여자 아이도 보였어요.

"놀라지마. 난 도로시라고 해. 우리는 지금 집으로 가는 길을 찾고 있어."

"뭐, 도로시라고?"

그제야 오일러는 자신의 눈앞에 선 이들의 정체를 깨달았지요.

"아하! 너희들은 오즈의 마법사에 나오는 주인공들이구나!"

가만 보니, 용기를 갖고 싶어 하는 겁쟁이 사자, 뇌를 원하는 허수아비, 심장을 갖고 싶어 하는 양철나무꾼, 그리고 집으로 돌아가는 방법을 찾는 도로시까지 모두가 오즈의 마법사에 나오는 주인공들이었어요.

순간 도로시는 울면서 말했어요.

"집으로 돌아가는 길을 모르겠어. 흑흑흑!"

허수아비도 울음을 터트렸어요.

"엉엉엉! 우리를 도와줘. 도형마법사만이 집으로 가는 방법을 아는데, 도형마법사가 자기 성으로 찾아와야지 방법을 알려주겠대. 그런데 이 안내문을 보고 찾아오라는데, 안내문을 아무리 봐도 무슨 소리인지 모르겠어! 이게 무슨 뜻일까?"

집에서 들었던 낯선 울음소리는 바로 도로시와 허수아비의 울음

소리였어요.

"좋아! 우리가 도와줄게."

오일러와 매씨는 벌떡 일어났어요.

순간 도로시와 겁쟁이 사자 그리고 허수아비와 양철나무꾼이 소리쳤어요.

"도형마법사 성만 찾으면 난 집으로 갈 수 있어."

"나는 도형마법사 님께 용기를 달라고 부탁할 거야."

"나도 도형마법사 님께 뇌를 달라고 할 거야."

"나도 심장을 갖고 싶어."

오일러는 당장 도로시에게 안내문을 건네받았어요.

도형마법사 성으로 가는 첫 길!
평행선 길로 오시오.

"대체 평행선이란 게 뭐야?"

도로시는 갈라진 두 길을 보며 고개를 갸웃거렸어요. 도로시 일행은 지금까지 양쪽으로 난 길 사이에서 울고 있었던 거예요. 어느 길이 평행선 길인지 몰라서 말이에요.

오일러와 매씨는 그 순간 절대수학사전이 완결되지 못한 이유를 깨달았어요. 도로시가 도형에 대해 잘 몰라 아직도 길을 헤매며 집으로 돌아가지 못하고 있기 때문이란 걸 말이에요.

"걱정 마! 우리가 도와줄게."

오일러와 매씨는 두 눈을 크게 뜨고 양쪽 길을 살폈어요. 자세히 보니 오른쪽 길의 바닥에는 ⊥ 모양이 그려져 있고 왼쪽 길에는 = 모양이 그려져 있었어요.

"수선 모양 길과 평행선 모양 길이군."

오일러는 수학 가방에서 자를 척 꺼냈지요.

"평행선 길을 찾으려면 우선 수직과 평행에 대해 알아야 해."

"수직과 평행? 그게 대체 뭐야?"

도로시와 일행은 고개를 갸웃갸웃 했어요. 그러자 매씨가 오일러의 자를 가지고 바닥에 그림을 그리기 시작했지요.

"두 직선이 만나서 이루는 각이 직각일 때, 두 직선은 서로 '수직'한다고 말하는 거야. 이렇게 말이야."

"이렇게 두 직선이 수직할 때, 한 직선을 다른 직선에 대한 '수선'

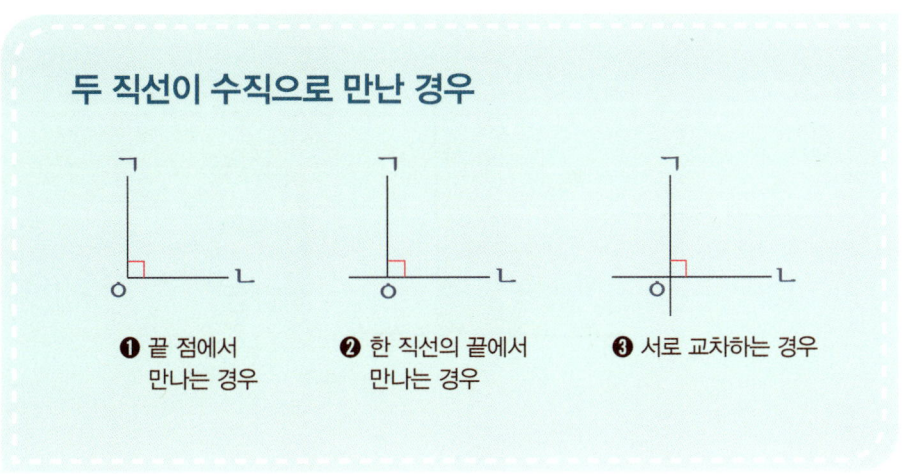

이라고 하지."

오일러도 매씨의 설명을 도왔어요.

"맞아! 그러니까 직선 ㄱㅇ는 직선 ㄴㅇ에 대한 수선이야."

오릴러와 매씨의 설명을 가만히 듣고 있던 도로시도 고개를 끄덕이며 말했어요.

"그럼 직선 ㄴㅇ는 직선 ㄱㅇ에 대한 수선이겠네."

"그렇지. 도로시는 정말 똑똑하구나."

오일러의 칭찬에 신이 난 도로시와 친구들은 자를 가지고 직접 수선을 이리저리 그어 보았지요. 하지만 수선을 긋는 일은 쉬운 일이 아니었어요. 선이 자꾸 이리저리 기울어져서 정확하게 수직으로 만들어지지 않았거든요. 도로시는 울상이 되었지요.

"우리도 수선을 그려 보고 싶어. 어떻게 하면 되는 거야?"

오일러가 수학가방에서 직각 삼각자와 각도기를 꺼낸 건 그때였어요.

"삼각자와 각도기를 이용하면 수선을 아주 쉽게 그릴 수 있어. 요렇게 하면 아주 간단하거든."

오일러는 직각 삼각자를 이용해서 수선 긋는 법을 알려주었어요.

그러자 이번에는 매씨가 각도기를 이용한 수선 긋기 방법도 알려주었지요.

"각도기를 이용한 방법은 삼각자를 이용한 방법보다는 복잡하지만, 그것도 아주 쉽지.

우선 직선 ㄱㄴ을 긋고, 그 위에 점 ㄷ을 찍는 거야.(그림 ①)

그리고 각도기의 중심을 점 ㄷ에 맞추고, 각도기의 밑면을 직선 ㄱㄴ에 맞추는 거지.(그림 ②)

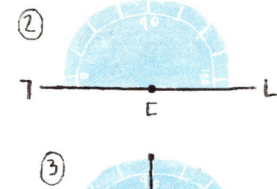

다음은 각도기에서 90도가 되는 눈금에 점 ㄹ을 찍어줘.(그림 ③)

그리고 점 ㄹ과 점 ㄷ을 직선으로 이으며 완성!(그림 ④)"

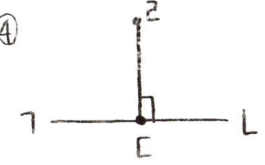

"우와! 정말 수선이 그어졌어."

도로시와 친구들은 환호성을 질렀지요.

이리저리 수선을 그어 보던 허수아비는 궁금한 표정으로 질문을 쏟아냈어요.

"그럼 평행은 뭐야? 평행도 수선처럼 쉬운 거야?"

오일러는 고개를 끄덕였지요.

"물론이야. 아주 쉽지. 서로 만나지 않는 두 직선을 '평행하다'라고 말하거든. 평행한 두 직선을 평행선이라고 해."

하지만 허수아비는 고개를 갸웃했지요.

"서로 만나지 않은 두 직선이라고? 그게 무슨 뜻이야?"

"방금 직선에 수직인 수선을 하나 그려 봤잖아. 그런데 그 직선에 수직인 수선을 하나 더 그어 보면, 이 두 수선은 절대로 만나지 않아. 그러니까 한 직선에 수직인 두 직선을 그리면 두 직선은 평행선이 되는 거지."

오일러는 삼각자를 가지고 평행선을 그려서 보여주었어요.

"자, 이렇게 하면 평행선을 쉽게 그릴 수 있어. 우선 삼각자 한 개를 고정시키고, 다른 삼각자를 위나 아래로 움직여서 직선 두 개

삼각자로 평행선을 쉽게 그릴 수 있어.

를 그으면 평행선이 쉽게 그려져."

그러자 허수아비가 자를 이리저리 굴려보더니, 두 눈을 반짝이며 말했어요.

"이렇게 해도 평행선을 그릴 수 있지 않을까? 자로 먼저 직선을 그리는 거야. 그리고 자의 눈금을 직선과 겹치게 놓은 뒤에 삼각자의 직각 부분을 이용해서 주어진 직선과 평행인 직선을 그리는 거

지. 봐, 평행선이 됐잖아."

허수아비가 그린 평행선은 정말 멋졌어요.

"우와! 허수아비는 정말 똑똑해. 짚으로 만든 허수아비가 어쩜 이렇게 똑똑할 수가 있지?"

오일러는 감탄을 했지요.

순간 허수아비는 풀이 죽은 얼굴로 말했어요.

"맞아! 난 짚으로 만든 허수아비에 불과해. 그래서 머리도 뇌가 없고 짚만 가득 들어 있어. 나도 뇌를 가지고 싶어. 그러니까 꼭 도형마법사 성으로 가서 뇌를 만들어 달라고 할 거야."

오일러는 고개를 갸웃했지요.

"허수아비야! 내가 보기에 넌 아주 똑똑해. 뇌가 없다면 평행선을 이렇게 멋지게 그릴 수 없을 거야. 정말 뇌가 없는 거야?"

오일러의 눈빛은 의심으로 가득했어요.

신기한 일이 벌어진 건 그때였어요. 반짝! 반짝! 허수아비 머리에서 빛나는 저것은?

"와! 허수아비 머리 좀 봐. 뇌가 생겼어!"

정말 허수아비에게 뇌가 생겼지 뭐예요. 수직선을 그리고 평행선을 그리다 보니 생각을 많이 해서 저절로 뇌가 생긴 거지요.

"우와! 나에게 정말 뇌가 생긴 거야? 이게 정말 내 뇌라는 거지?"

허수아비는 머릿속에서 반짝이는 뇌를 보고 자랑스럽게 소리쳤

어요.

"자, 그럼 두 길 중에서 평행선 길을 찾는 일은 허수아비가 하도록 해. 뇌가 생긴 기념으로 말이야."

도로시의 말에 허수아비는 환하게 웃었어요.

"좋아! 내가 정확히 알려줄게."

허수아비는 두 길을 바라보았어요.

"오른쪽 길은 ⊥ 모양이니까 수선 길이야. 그리고 왼쪽 길은 = 모양이니까, 당연히 평행선 길은 왼쪽이야. 왼쪽 길로 가면 돼!"

"어서 왼쪽 길로 가 보자. 가다 보면 모두가 원하는 걸 얻게 될 거야."

Tips

평행선과 직선이 만나서 이루는 동위각과 엇각

평행선과 한 직선이 만나면 어떤 일이 벌어질까요?

평행선과 직선이 만나면 각이 8개가 생긴답니다. 이때 생기는 8개의 각에는 평행선의 같은 위치에 있는 각도 있고 서로 엇갈린 위치에 있는 각도 있어요. 같은 위치에 만들어지는 각을 동위각이라고 해요. 반면 서로 엇갈린 위치에 있는 각을 엇각이라고 하지요. 이때 동위각과 엇각끼리는 서로 크기가 같아요.

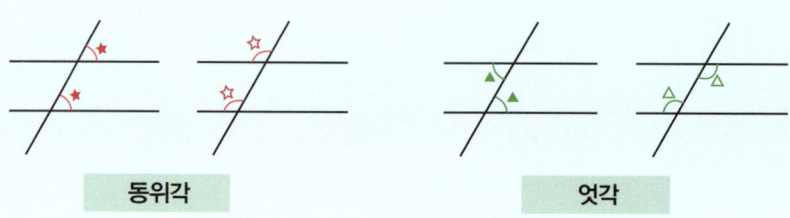

동위각   엇각

평행한 두 직선 안쪽으로 생기는 두 각의 크기의 합은 항상 180°

각도기로 각도를 재어보면 평행선 사이의 두 각의 합은 항상 180°예요. 이처럼 두 각의 합이 180°일 때, 한 각을 다른 각에 대해 보각이라고 해요.

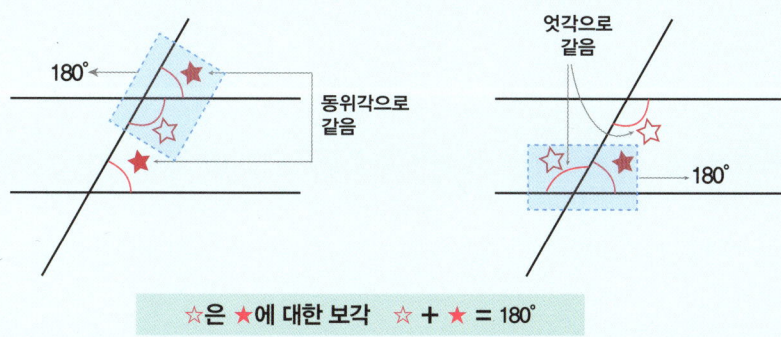

평행한 두 직선과 하나의 직선이 만나면 두 직선의 안쪽으로 아래 모양처럼 2개의 각이 생겨요. 이 두 각은 동위각도 엇각도 아니에요. 하지만 평행선 사이에 있는 이 두 각의 크기의 합은 항상 180°로 일정하지요.

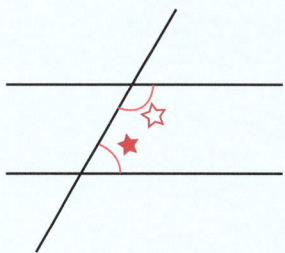

도로시는 신이 나서 소리쳤지요. 도로시가 앞장을 선 뒤로, 허수아비와 친구들 그리고 오일러와 매씨가 뒤따랐어요. 오일러와 매씨는 도로시와 친구들의 긴 여행길을 함께 하게 된 거예요.

과연 도로시와 친구들은 도형마법사 성까지 가서 원하는 걸 얻게 될까요? 오일러와 매씨도 절대수학사전을 완성하고 집으로 돌아갈 수 있을까요?

수직과 수선
두 직선이 만나서 이루는 각이 직각일 때, 두 직선은 서로 수직한다고 해요.
두 직선이 수직일 때, 한 직선을 다른 직선에 대한 수선이라고 하지요.

평행과 평행선
서로 만나지 않는 두 직선은 '서로 평행한다'고 말해요.
이 평행한 두 직선을 평행선이라고 하지요.

평행선 사이의 수선의 길이를 '평행선 사이의 거리'라고 하는데, 평행선 사이의 거리는 항상 일정해요.

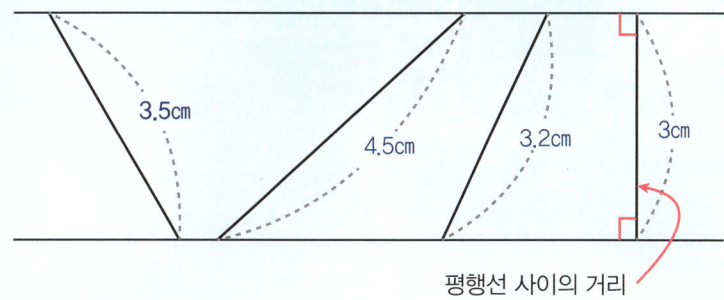

평행선 사이의 거리

역사에서 수학 읽기

조선 시대의 각도기, 간의

각의 크기를 재는 기구를 각도기라고 하지요.

각도기가 언제 생겨났는지는 정확하지 않아요. 독일의 수학자인 반펜이라는 사람이 양복 제도법의 시스템을 확립시키기 위하여 처음 사용했다는 사실만 알려져 있답니다.

그런데 우리가 흔히 사용하는 각도기는 왜 반원형의 모양일까요? 각도기는 반원형으로 1° 단위로 눈금이 그어져 있잖아요. 동그란 원 모양일 수도 있을 텐데 말이에요.

그 이유는 반원형으로도 각을 충분히 잴 수 있기 때문이에요.

각도를 나타내는 방법에는 60분법과 호도법 두 가지 방법이 있어요.

60분법은 원둘레 각을 360도로 정의하여 주어진 각을 재는 방법으로, 우리가 흔히 사용하는 각도의 단위인 도(°)를 단위 기호로 사용하지요.

호도법은 주어진 각을 십진법의 수로 나타낸 방법인데, 기호는 rad(라디안)이에요. 호도법은 이론상의 문제를 다룰 때 사용하기 때문에 일반 사람들은 잘 사용하지 않는답니다.

그래서 학생들이 사용하는 반원형의 각도기들은 모두 60분법의 각도기지요.

그런데 조선시대에도 각도기와 비슷한 도구가 있었다는 사실을 알고 있나요?

간의(簡儀)가 바로 그것이에요.

간의는 조선시대 천문대에 설치되었던 중요한 천문관측기기들 가운데 하나인데, 오늘날의 각도기와 비슷한 구조를 지녔어요.

당시엔 비교적 작은 소간의도 만들어졌는데, 이것은 휴대용으로 사용할 수 있는 도구였지요. 간의는 주로 건축물을 지을 때 사용되었는데, 간의와 소간의가 사용되었다는 사실을 통해 당시에도 각도를 재는 일이 중요했고, 건축물을 지을 때 각도를 철저히 계산했다는 사실을 알 수 있답니다.

당시 우리 조상들은 간의 외에도 다양한 도구들을 이용해서 정교한 건축물을 지으려 노력했어요. 그 때문에 조상들이 남긴 건축물들은 세계인으로부터 '직선과 곡선이 빚어내는 아름다움!'이란 찬사를 받고 있지요.

간의 : 조선시대에 만든 천문 관측기기

이야기 둘

콩쥐네 밭은 어디일까?

📖 평면도형
　다각형

평행선 길을 얼마나 걸어간 걸까요? 오일러의 다리가 후들거리기 시작했어요.

"아이고! 다리 아파!"

오일러는 그만 길 가운데에 주저앉고 말았어요.

뒤따라 양철나무꾼과 허수아비도 오일러 옆에 주저앉았어요.

"도대체 도형마법사 성은 어디 있는 거야?"

"여기가 마법사 성으로 가는 길이 맞기나 한 거야? 아무리 가도 성이

안 보이잖아."

앞서 가던 도로시가 비명을 지른 건 그때였어요.

"으악! 길이 사라져 버렸어!"

오일러는 벌떡 일어났지요. 길이 사라졌다니!

그런데 도로시 곁으로 달려간 오일러의 입에서도 비명이 흐르고 말았어요.

"으아아! 정말 길이 사라졌네."

눈앞엔 빽빽한 숲만 가득했어요.

"이상해? 갑자기 길이 왜 사라진 걸까?"

매씨는 어두워진 표정으로 주변을 살폈어요. 혹시나 다른 길이 있지 않을까 생각한 거죠.

그때였어요.

"여기 안내판이 있어!"

매씨를 따라 이리저리 살피던 사자가 소리쳤어요. 사자가 가리키는 곳엔 정말 안내판 하나가 꽂혀 있었지요. 도형마법사 성으로 가는 길을 알려주는 안내판이었어요. 그런데 그 내용이 너무 이상했어요.

"콩쥐를 도와주라고? 이게 무슨 소릴까?"

모두들 고개를 갸웃할 때였어요.

"하아! 어쩌면 좋아!"

어디선가 들려오는 깊은 한숨 소리!

한숨 소리는 저만치 있는 밭에서 들려오고 있었어요.

"저 밭에 누군가 있는 것 같아."

"혹시 콩쥐가 아닐까?"

도로시의 말에 모두들 급히 밭으로 달려가 보았지요.

역시! 도로시의 말이 맞았어요. 거기엔 낡은 옷을 입은 가엾은 콩쥐가 있었어요. 콩쥐는 커다란 밭을 하염없이 바라보며 한숨을 쉬고 있었어요.

도로시는 콩쥐 곁으로 다가가 물었어요.

"콩쥐야 왜 한숨을 쉬고 있니?"

우르르 몰려온 일행을 보자 콩쥐는 흠칫 놀랐어요. 하지만 도로시의 다정한 목소리에 안심한 듯 사연을 술술 털어놓았지요.

"새엄마가 오늘 저녁까지 밭을 다 매어 놓으라고 했어. 그런데 그 밭이 어느 밭인지 모르겠어. 밭을 다 안 매면 집에 갈 수 없는데 말이야."

콩쥐의 말에 오일러는 눈앞에 펼쳐진 밭을 바라보았어요. 밭은 그 모양이 다양했지요. 네모진 밭, 오각형 모양 밭, 삐뚤어진 밭 등 별별 모양이 다 있었어요.

"대체 저 밭 중에 너희 밭은 어느 거야?"

오일러의 말에 콩쥐는 다시 한숨을 지었지요.

"그게 문제야. 우리 밭을 새엄마가 알려줬는데, 나는 도저히 찾을 수가 없거든."

"밭을 못 찾다니! 새엄마가 뭐라고 했는데?"

"새엄마가 그러는데, 우리 밭은 이런 밭이래. 사다리꼴이면서 평행사변형이고, 마름모이면서 직사각형인 밭!"

헉! 콩쥐의 말에 오일러와 일행은 말문이 막히고 말았어요. 그건 콩쥐네 새엄마가 콩쥐를 골탕 먹이려고 일부러 어렵게 돌려서 한 말이 분명했으니까요.

"대체 그런 밭이 어딨어?"

사자는 고개를 절레절레 흔들며 소리쳤어요. 허수아비도 고개를 저었지요.

"아무래도 그런 밭은 찾을 수 없을 것 같아. 그런 밭이 있을 턱이 없잖아. 콩쥐야! 밭매기는 포기하는 게 좋겠어."

사자와 허수아비의 말에 콩쥐는 그만 울음을 터트리고 말았지요.

"흑흑흑! 그럼 난 어떡해!"

그때였어요. 양철나무꾼이 주먹을 불끈 쥐

며 앞으로 나섰어요.

"안 돼! 포기하면 안 돼! 그럼 콩쥐가 너무 불쌍하잖아. 게다가 콩쥐를 돕지 못하면 우리는 도형마법사 성으로 가는 길을 찾을 수 없단 말이야. 오일러! 혹시 무슨 방법이 없을까? 매씨! 방법을 찾아봐!"

양철나무꾼의 말에 오일러와 매씨는 고민에 빠졌지요.

"사다리꼴이면서 평행사변형이고, 마름모이면서 직사각형인 밭이라고? 무슨 수수께끼 같지 않아?"

"내 생각에는 우리가 너무 어렵게 생각하는 거 같아. 사실 사다리꼴과 평행사변형, 마름모, 직사각형 모두 사각형의 종류들이잖아. 우선 사각형의 종류부터 알아보면 답이 보이지 않을까?"

"맞아! 그게 좋겠어."

오일러와 매씨는 수학가방부터 활짝 열었어요. 오일러의 수학가방 속에서는 다양한 사각형 모양의 자들이 나왔지요. 우르르 가방 주위로 몰려든 일행을 향해 오일러가 소리쳤어요.

"얘들아, 이 자들은 모두 사각형 모양이야. 그런데 이름이 각각 다르지. 내가 퀴즈를 낼 테니까 이 사각형 자들 중에서 그 답을 찾아봐."

이왕이면 퀴즈 놀이를 하면서 답을 찾기로 한 거예요.

"좋아! 그거 재밌겠다. 어서 퀴즈를 내봐!"

콩쥐도 울음을 멈추고 오일러 앞에 와 앉았지요.

"사각형의 종류엔 직사각형, 정사각형, 사다리꼴, 평행사변형, 마름모가 있어. 그중에 사다리꼴부터 알아보자. 이 자들 중에서 사다리꼴을 찾아봐."

"사다리꼴? 그게 뭐야?"

"마주 보는 한 쌍의 변이 서로 평행인 사각형을 사다리꼴이라고 해."

"마주 보는 한 쌍의 변이 서로 평행하다고?"

오일러의 말에 콩쥐와 도로시 그리고 허수아비와 양철나무꾼이 각각 자를 하나씩 집어 들었어요.

"이 자는 마주 보는 한 쌍의 변이 서로 평행해!"

"요걸 봐. 이것도 마주 보는 한 쌍의 변이 서로 평행한걸."

모두들 제 것이 옳다고 소리쳤지요. 그러자 오일러는 고개를 끄덕였어요.

"모두 맞았어. 그게 다 사다리꼴이거든."

"우와! 우리가 모두 정답을 맞혔어."

콩쥐와 도로시, 허수아비와 양철나무꾼은 일제히 환호성을 질렀어요. 그러자 이번엔 매씨가 나섰지요.

"이젠 평행사변형 찾기 퀴즈야. 평행사변형은 마주 보는 두 쌍의 변이 서로 평행한 사각형이야."

"뭐? 마주 보는 한 쌍의 변이 서로 평행한 건 사다리꼴이라고 했어. 그런데 이번엔 마주 보는 두 쌍의 변이 서로 평행해야한다고?"

잠시 어리둥절한 표정을 짓던 사자가 가장 먼저 자를 뒤적이기 시작했어요. 사다리꼴은 못 찾았지만, 평행사변형은 찾고 싶었던 거지요.

"내가 먼저 찾을 거야!"

"아냐! 내가 찾아내겠어!"

어느새 콩쥐와 도로시, 허수아비까지 자를 하나씩 집어 들었어요. 양철나무꾼만 빼고서 말이에요. 하지만 양철나무꾼은 미소를 지었어요.

"난 다음 퀴즈를 맞히면 돼!"

그러는 사이, 매씨는 일행들이 집어든 자를 살폈지요.

  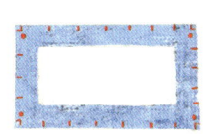 

"모두 잘 맞혔어. 모두 정답이야!"

매씨는 박수까지 치며 일행을 칭찬했어요. 그러더니 콩쥐가 든 자를 집어 들며 말했어요.

"자, 콩쥐의 자를 잘 봐. 그럼 평행사변형의 성질을 잘 알 수 있거든. 우선 평행사변형은 마주 보는 두 쌍의 변이 서로 평행하지. 마주 보는 변의 길이도 같아. 마주 보는 각의 크기도 같고 말이야. 그리고 이웃하는 두 각의 크기의 합은 180도가 되지."

양철나무꾼이 손을 번쩍 든 건 그때였어요.

"그럼 마름모는 뭐야? 빨리 알려줘. 이번엔 꼭 내가 퀴즈를 맞힐 거니까 말이야."

"알았어. 마름모도 어렵지 않아. 잘 들어봐."

매씨의 뒤를 이어 오일러가 다시 나섰어요.

"네 변의 길이가 모두 같은 사각형을 마름모라고 해."

순간 콩쥐와 도로시, 그리고 허수아비와 양철나무꾼, 사자까지 활짝 웃었어요.

"마름모는 정말 쉬운걸."

하지만 막상 찾으려니 쉽지가 않았어요. 네 변의 길이가 모두 같은 사각형 자가 많지 않았거든요. 결국 마름모 자를 찾아낸 건, 도로시와 양철나무꾼, 그리고 허수아비뿐이었어요.

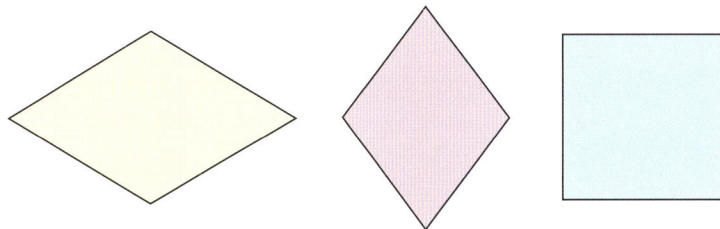

옛날에는 논밭 측량을 어떻게 했을까?

옛날엔 세금을 거두어들이기 위해 관리들이 논밭을 측량했어요. 그것을 양전이라고 하는데, 국가의 경제력을 마련하는 중대한 국가사업이었지요. 그래서 조선의 왕들은 지역별로 양전을 실시했어요.

그런데 조선 초기의 기록을 보면 당시엔 논밭을 측량할 때 '지척'이란 방법을 사용했다는 걸 알 수 있어요. 지척이란 손가락의 너비를 이용해서 측량을 하는 원시적인 측량법이에요. 당시엔 손가락 두 개의 너비를 10번 재면, 그 길이를 '상전척'이라고 했답니다.

하지만 이런 방법은 정확하지 않다보니 많은 혼란을 가져왔어요. 그래서 효종 4년(1653년)부터는 수확량에 따라서 단위를 정하는 방법을 사용했지요.

당시엔 산사라는 수학자들도 있었는데, 그들은 세금을 거두는 일을 주로 맡아서 했어요.

콩쥐는 고개를 푹 떨궜지요.

"난 마름모 자를 찾지 못했어."

그러자 양철나무꾼은 잠시 머뭇머뭇했어요. 풀이 죽은 콩쥐를 보자 마음이 아팠거든요. 결국 양철나무꾼은 제가 가진 마름모 자를 넌지시 콩쥐에게 건네주었지요.

"콩쥐야, 내 걸 줄게. 속상해하지 마."

"정말? 고마워! 그럼 이 자는 너와 내 이름을 따서 '양철나무꾼 콩쥐 자'라고 하자."

콩쥐는 마름모 자를 받아들며 웃었지요.

"양철나무꾼은 정말 마음이 착해."

오일러는 양철나무꾼을 칭찬해 주었어요. 그리고 콩쥐가 든 자를 가리켜며 말했어요.

"그럼 '양철나무꾼 콩쥐 자'가 마름모가 맞는지 알아볼까? 마름모는 우선 마주 보는 두 쌍의 변이 서로 평행해야해."

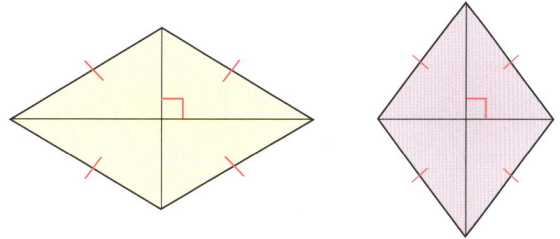

콩쥐와 양철나무꾼은 입을 모아 큰 소리로 대답을 했지요.

"맞아! 정확히 평행해."

"그리고 네 변의 길이가 모두 같아야해."

"그것도 맞았어! 모두 같아."

"마지막으로 마주 보는 두 각의 크기가 같아야 해."

각도기로 도로시와 콩쥐, 그리고 허수아비가 든 자의 각도를 잰 매씨가 소리쳤지요.

"모두 다 마름모가 맞아!"

"우와!"

순간 다시 한 번 환호성이 터졌죠.

"이렇게 퀴즈로 풀어보니까 너무 재밌어."

"그래. 마름모, 평행사변형, 사다리꼴 모두 하나도 어렵지 않아."

모두들 기분이 좋아서 소리쳤어요.

그런데 사자는 여전히 고개를 갸웃거리지 뭐예요.

"근데 난 아직 모르겠어. 사다리꼴이면서 평행사변형이고, 마름모이면서 직사각형인 밭이 어느 건지 말이야. 사다리꼴과 평행사변형, 마름모는 배웠지만, 직사각형을 아직 안 배워서 모르는 걸까?"

그러자 오일러가 눈앞의 밭을 향해 소리쳤지요.

"일단 저 밭들 중에서 사다리꼴이면서 평행사변형인 것부터 찾아보자. 모두 눈을 크게 뜨고 찾아야해"

오일러의 말에 모두들 두 눈을 부리부리 굴리기 시작했어요.

"저 밭은 삼각형이야! 땡! 탈락!"

"저 밭은 오각형이네! 땡! 탈락!"

"저기 저 밭은 삐뚤빼뚤 이상해! 땡! 탈락!"

"맞아, 콩쥐네 밭은 사각형 모양 밭 중에 있는 거야."

사각형 밭들 앞에서 모두들 다시 눈을 부리부리 굴렸어요.

"사다리꼴이라고 했으니까, 마주 보는 한 쌍의 변이 서로 평행해야해!"

"하지만 평행사변형이기도 해야 하니까, 마주 보는 두 쌍의 변이 서로 평행해야해."

드디어 사다리꼴이면서 평행사변형인 밭들이 눈앞에 나타났어요.

"히야? 저 두 밭 중에 어느 게 콩쥐네 밭일까?"

모두들 호기심이 가득한 눈으로 밭을 바라봤지요.

오일러도 호기심 어린 눈으로 고개를 갸웃했어요.

'과연 콩쥐네 밭은 어느 걸까?'

사다리꼴
마주 보는 한 쌍의 변이 서로 평행인 사각형이에요.

평행사변형
마주 보는 두 쌍의 변이 서로 평행인 사각형이에요.
평행사변형은 사다리꼴이라고 할 수 있지요.

평행사변형의 성질
평행사변형은 마주 보는 두 쌍의 변이 서로 평행해요.
평행사변형은 마주 보는 변의 길이가 같아요.
평행사변형은 마주 보는 각의 크기가 같아요.
평행사변형은 이웃하는 두 각의 크기의 합은 180도가 되지요.

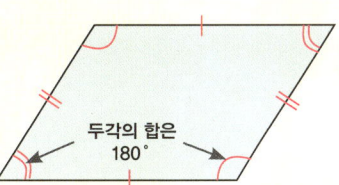

마름모
네 변의 길이가 모두 같은 사각형이에요.
마름모는 사다리꼴이며 평행사변형이라고 할 수 있어요.

마름모의 성질
마주 보는 두 쌍의 변이 서로 평행해요.
네 변의 길이가 모두 같아요.
마주 보는 두 각의 크기가 같아요.

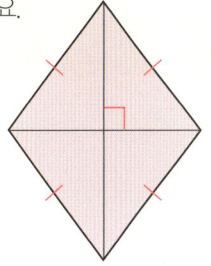

목제주령구

주사위는 전 세계에서 즐기는 놀이 도구의 하나로, 각 면에 하나에서 여섯까지의 점을 새긴 정육면체의 도구이지요. 주사위로 게임을 할 땐 바닥에 던져 위쪽에 나타난 점수로 승부를 결정하곤 해요.

그런데 우리나라 조상들이 쓴 유물 중에 아주 신기한 주사위가 있답니다.
신라시대에 만들어진 주사위인 '목제주령구'가 바로 그것이에요.
목제주령구는 1975년 경주 안압지에서 출토되었는데, 정사각형 면 6개와 육각형 면 8개로 이루어진 14면체 주사위예요.
이 주사위는 각 면에 다양한 벌칙이 적혀 있었는데, 각 면이 나올 때마다 적힌 벌칙을 수행하며 게임을 즐겼다는 걸 알 수 있지요.
그런데 목제주령구엔 재미난 도형이 보인답니다.
목제주령구의 육각형을 한번 잘 살펴보세요.
일부를 잘라내어 육각형으로 만들었지만, 육각형의 모양이 원래는 삼각형이었다는 사실을 알 수 있어요.
그리고 사각형보다 삼각형(육각형)이 더 크다는 것을 알 수 있지요.
왜 그렇게 만든 걸까요?

여기엔 우리 조상들의 지혜가 숨어있답니다.

원래 정삼각형과 정사각형으로 만들어진 주사위라면 삼각형(육각형) 면이 나올 확률이 사각형의 면에 비해 훨씬 적다고 해요. 주사위에서 삼각형은 사각형보다 넓이가 작기 때문이지요.

그러다 보니 삼각형이 나올 확률을 사각형의 확률과 비슷하게 만들기 위해 삼각형의 크기를 키워서 넓이를 넓힌 거예요. 그 때문에 두 도형이 나올 확률은 비슷해졌답니다.

하지만 목제주령구는 이제 세상에 남아 있지 않아요. 출토된 진품은 유물 보존 처리 도중에 불타 버렸거든요. 그래서 현재는 복제품만 남아 있답니다.

목제주령구

이야기 셋

정사각형 밭을 매자!

📖 평면도형
　　다각형

"저 두 밭 중에 정말 어느 게 콩쥐네 밭일까?"

모두들 두 눈을 빛내며 밭을 바라볼 때였어요.

"사다리꼴이면서 평행사변형인 밭은 찾았잖아, 그럼 마름모도 되는 밭을 찾을 차례야."

매씨가 두 밭을 가리키며 말하자, 양철나무꾼이 잠시 생각을 하더니 소리를 쳤지요.

"마름모는 네 변의 길이가 모두 같은 사각형이잖아. 그럼 답이 나왔네."

양철나무꾼은 냉큼 밭을 향해 손짓을 했어요.

"콩쥐네 밭은 바로 저거야!"

그 순간 오일러는 고개를 갸웃거렸지요.

"이상하다. 콩쥐네 밭은 사다리꼴이면서 평행사변형이고, 마름모이면서 직사각형인 밭이라고 했잖아. 하지만 저건 정사각형이야."

매씨도 어리둥절한 눈치였지요.

"정말 이상한걸? 사다리꼴이면서 평행사변형이고, 마름모인 밭은 분명히 정사각형 밭이 맞아. 양철나무꾼이 가리킨 저 밭이지. 그런데 콩쥐네 밭의 마지막 조건은 '직사각형'이란 거잖아. 이건 말이 안 돼!"

그러자 콩쥐가 소리쳤어요.

"대체 정사각형은 뭐고, 직사각형은 뭐야?"

콩쥐의 말에 매씨가 고개를 끄덕였어요.

"그래. 정사각형과 직사각형에 대해 정리해 보자고. 그럼 왜 이런 이상한 일이 생겼는지 알게 될 거야."

오일러도 그렇다는 듯 고개를 끄덕이더니 직사각형 모양의 자를 보며 말했어요.

"이건 직사각형이야. 직사각형은 마주 보는 두 쌍의 변이 평행하지. 그리고 마주 보는 두 변의 길이가 같아. 네 각이 모두 직각이고 말이야. 그래서 직사각형은 사다리꼴이면서 평행사변형이라고 할 수 있어."

이번엔 매씨가 정사각형 자를 집어 들었어요.

"이건 정사각형이지. 직사각형과 마찬가지로 마주 보는 두 쌍의 변이 서로 평행해. 그리고 네 변의 길이가 모두 같아. 네 각은 모두 직각이고 말이야."

콩쥐가 문득 입을 연 건 그때였어요.

"그렇다면 정사각형은 사다리꼴도 되면서 평행사변형도 되네. 그리고 마름모도 되고 직사각형이라고도 할 수 있어."

순간 오일러는 무릎을 탁 쳤지요.

"아하! 바로 그거였어."

"무슨 소리야? 그거라니?"

"정사각형은 사다리꼴도 되면서 평행사변형도 되고 마름모, 직사각형이라고도 할 수 있잖아. 그러니까 정사각형은 직사각형이어야 한다는 마지막 조건에도 들어맞는 거지. 사각형들의 포함 관계를 그림으로 그려보면 이렇게 되거든."

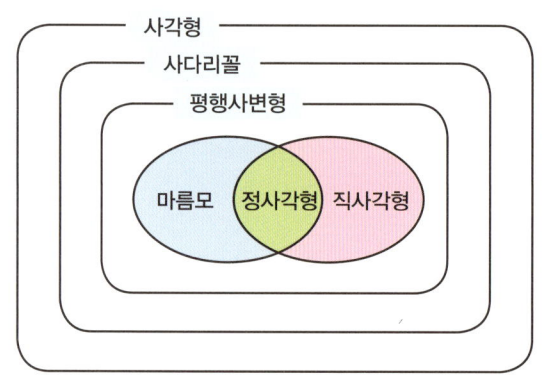

사각형의 포함 관계

오일러의 그림을 본 일행은 일제히 고개를 끄덕였지요.

"아하! 그래서 새엄마가 정사각형인 콩쥐네 밭을 사다리꼴이면서 평행사변형이고, 마름모이면서 직사각형인 밭이라고 한 거구나."

이제야 제대로 콩쥐네 밭을 찾아낸 거예요.

"와! 그럼 우리 밭은 바로 정사각형의 저 밭인 거지?"

콩쥐는 신이 나서 밭으로 달려갔어요. 다른 일행도 모두 콩쥐네 밭으로 달려갔지요.

그런데 밭을 본 콩쥐는 문득 입술을 쭉 빼물며 투덜거렸어요.

"그런데 정사각형과 직사각형은 정말 헷갈리는 거 같아. 직사각형은 '마주 보는 두 변의 길이가 같다'는 특징과 정사각형은 '네 변의 길이가 같다'는 특징만 다를 뿐, 직사각형과 정사각형의 다른 특징은 모두 같잖아. 다른 집 밭인 직사각형 밭과 헷갈릴 것 같아."

콩쥐의 말에 매씨는 빙그레 웃었어요.

"하긴 그래. 사실 정사각형과 직사각형은 '두 대각선의 길이도 같은 사각형'이란 공통점도 갖고 있거든. 헷갈릴 수밖에 없지."

"대각선? 그건 또 뭐야?"

"대각선이란 건, 3개 이상의 선분으로 둘러싸인 도형인 다각형에서 서로 이웃하지 않는 두 꼭짓점을 이은 선분을 말하는 거야."

"그게 무슨 소리야? 너무 어려워!"

"어려울 것 없어. 직접 대각선을 그려보면 아주 쉽거든. 자, 내가 다각형들에 대각선을 그려볼게."

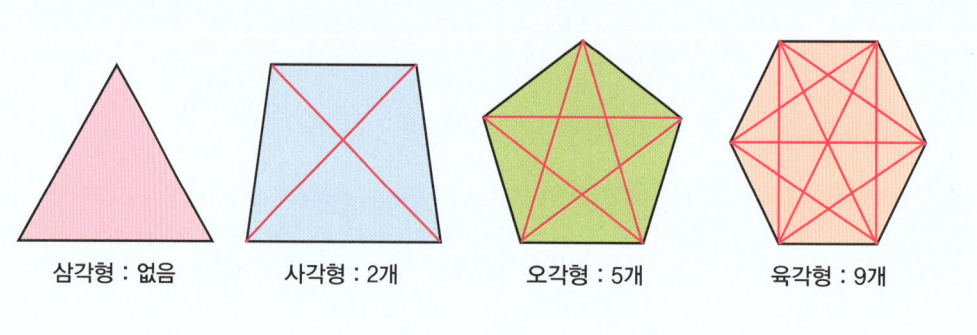

매씨는 콩쥐네 밭에 쓱쓱 다각형들을 그리고, 대각선을 그었어요.

"봐. 삼각형은 대각선을 그을 수 없지만, 사각형과 오각형, 육각형 등은 대각선을 그을 수 있지."

"그런데 정사각형과 직사각형의 대각선이 뭐 어떻다는 거야?"

콩쥐는 밭을 매려는 듯 호미를 집어 들며 말했어요.

그러자 이번에도 매씨는 그림을 그렸지요.

"그림을 봐, 정사각형은 두 대각선의 길이가 같잖아."

그제야 콩쥐가 방긋 웃으며 말했어요.

"직사각형도 두 대각선의 길이가 같아. 아하! 그래서 정사각형과 직사각형은 '두 대각선의 길이도 같은 사각형'이란 공통점을 가지고 있다고 말한 거구나."

콩쥐는 기분이 아주 좋아보였어요. 제 밭도 찾았고, 사각형에 대해서도 박사가 되었으니까요.

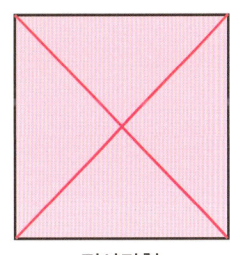
정사각형

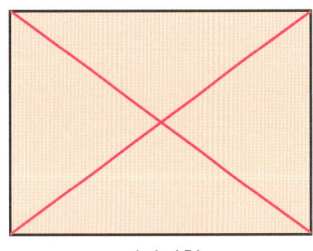
직사각형

도로시와 오일러도 기분이 좋았지요.

"이제 콩쥐 밭도 찾아줬으니까 우린 다시 도형마법사 성을 찾아

출발하자고."

"그래. 도형마법사 성으로 가는 길을 찾아보자."

그런데 이상하지 뭐예요. 이리저리 둘러봐도 좀처럼 길은 보이질 않았거든요.

"안 되겠어. 모두 흩어져서 길을 찾아보자."

오일러의 말에 일행은 우르르 흩어졌어요.

마름모라는 이름은 어디서?

네 변의 길이가 모두 같은 사각형을 마름모라고 하지요. 그런데 그 모양을 왜 하필 마름모라고 할까요?

마름모는 원래 식물의 이름인 마름에서 비롯되었어요. 마름은 연못이나 늪에서 사는 일년초예요. 뿌리를 진흙 속에 박고, 줄기가 곧게 자라며, 잎자루에 불룩한 공기주머니가 있는 식물이지요.

마름

줄기 끝에 있는 마름의 잎은 그 모양이 독특한데, 사각형 모양을 하고 있답니다. 비록 정확히 네 변의 길이가 같진 않지만, 그런 이유 때문에 '네 변의 길이가 모두 같은 사각형'을 마름모라고 부르게 된 거예요.

매씨는 코를 땅에 박으며 킁킁 거렸어요.

"혹시 도형마법사 냄새가 날지도 몰라. 그곳이 바로 도형마법사 성으로 가는 길이야."

허수아비는 팔을 벌리고 바람에 몸을 맡겼지요.

"바람이 불어오는 쪽이 도형마법사 성으로 가는 길이 아닐까?"

사자는 숲으로 달려가며 어흥어흥! 고함을 쳤어요.

"저기 노루가 도망을 가고 있어. 혹시 저 노루를 따라가면 도형마법사 성으로 갈 수 있지 않을까?"

오일러는 저만치 졸졸 흐르는 개울을 살폈지요.

"개울을 따라 가면 도형마법사 성에 닿을지도 몰라. 도형마법사도 물을 먹어야 살 수 있을 테니까."

도로시도 개울의 물고기들을 보며 중얼거렸어요.

"물고기들아! 너희들은 알고 있니? 도형마법사 성으로 가는 길을 말이야. 알고 있으면 좀 알려줘."

모두들 길을 찾으려고 애를 쓰고 있었어요.

하지만 양철나무꾼은 콩쥐 곁을 떠나지 못했어요.

"콩쥐야! 혼자 어떻게 이 큰 밭을 매겠다는 거야?"

양철나무꾼의 얼굴엔 근심이 가득했지요. 사실 양철나무꾼이 걱정하는 데는 다 이유가 있었어요. 이미 해가 뉘엿뉘엿 넘어가며 밭 주위가 어둑해지기 시작했거든요.

"오늘 저녁까지 밭을 매야 한다고 했잖아. 어떡하지?"

혼자서 애를 쓰는 콩쥐 모습에 양철나무꾼은 가슴이 아팠지요. 고민하던 양철나무꾼은 결국 다른 일행을 향해 소리쳤어요.

"얘들아, 콩쥐의 밭 매는 일도 도와주자."

사냥꾼의 말에 가장 먼저 달려온 건 도로시였어요.

"그래. 콩쥐 혼자하면 밤이 새도록 해도 다 못할 거야. 하지만 우리가 도와주면 금세 끝낼 수 있어."

오일러와 매씨 그리고 사자와 허수아비도 이내 달려왔지요.

"맞아! 콩쥐를 도와주기로 했으니까 밭 매는 일까지 도와줘야 해."

오일러가 기다란 막대기를 주워든 건 그때였어요.

"이왕이면 일도 재밌게 하자."

오일러는 콩쥐네 밭에 막대기로 대각선을 긋기 시작했어요. 밭이 넓어서 한참이나 막대기를 들고 대각선을 그어야 했지요. 잠시 뒤 콩쥐네 밭은 대각선에 의해 네 등분 되었어요.

"네 팀으로 나눠서 어느 팀이 먼저 밭을 매는지 내기를 하는 거야, 어때?"

"좋아!"

우선 콩쥐와 양철나무꾼이 한 팀이 되었어요. 도로시는 허수아비

와 팀이 되었지요. 그리고 사자와 매씨가 한 팀이 되자, 오일러는 혼자만 남아 버렸지 뭐예요. 그래도 오일러는 힘차게 소리쳤어요.

"난 혼자라서 꼴찌를 할지도 몰라. 하지만 일등한 팀이 도와준다면 외롭지 않을 거야. 그러니까 모두 힘을 내서 해보자고!"

"좋아, 어서 밭 매기를 시작하자!"

네 팀은 네 등분된 밭을 하나씩 맡았어요. 그리고 호미를 잡고 일을 시작했어요.

영차! 영차! 함께 일을 하다 보니 모두들 힘든 줄도 몰랐어요.

"일등! 우리가 일등이야!"

가장 먼저 밭매기를 끝낸 건 콩쥐와 양철나무꾼이었어요. 양철나무꾼이 워낙 열심히 일을 했거든요. 양철나무꾼과 콩쥐는 일을 끝내자마자 오일러를 도와주었지요.

"우와! 우리도 끝이야!"

잠시 뒤엔 도로시와 허수아비 팀도 일을 마쳤어요.

"우리도 끝!"

사자와 매씨 팀도 일을 마쳤지요. 그리고 모두들 오일러가 있는 곳으로 달려갔어요.

"모두 오일러를 도와주자!"

그러자 오일러가 맡은 밭도 눈 깜짝할 사이에 끝나 버렸지 뭐예요.

"밭 매기 끝!"

오일러와 친구들은 일제히 환호성을 질렀어요.

연꼴 사각형

사각형 중에 사람들이 '연꼴'이라고 부른 사각형이 있어요. 하늘로 날리는 연에서 흔히 쓰는 모양을 가리켜 보통 연꼴이라고 하지요. 그런데 서양에서 말하는 연꼴과 우리나라에서 말하는 연꼴은 조금 차이가 있답니다.

서양에서 연이라고 할 때는 보통 '가오리 연'을 말해요. 그래서 두 쌍의 이웃한 변의 길이가 각각 같은 사각형을 연꼴이라고 부르지요. 그러나 우리나라에서 말하는 연꼴은 보통 마름꼴을 의미해요. 우리나라는 전통적으로 마름꼴을 연에 주로 이용했기 때문이지요.

가오리연

그때였어요. 콩쥐가 훌쩍이기 시작했어요.

"너무 고마워! 정말 고마워!"

고마운 마음에 저도 모르게 눈물이 나온 거예요. 콩쥐가 흘린 눈물들이 밭으로 톡톡 떨어졌지요.

신기한 일이 벌어진 건 바로 그때였어요. 콩쥐가 흘린 눈물들이 주르륵 흘러가기 시작했거든요. 마치 강물처럼 말이에요. 그러더니 강물은 이내 길로 변했어요. 아득하게 생긴 길에는 '도형마법사 성으로 가는 길'이란 안내판도 나타났지요.

"우와! 길이 나타났어!"

신기한 일은 거기서 끝난 게 아니었어요.

"와! 양철나무꾼 가슴 좀 봐. 심장이 생겼어."

도로시가 놀란 표정으로 소리 쳤어요. 도로시의 말에 양철나무꾼을 본 일행은 모두 놀라고 말았지요. 양철나무꾼의 가슴에서 심장이 반짝반짝 빛을 내고 있었거든요.

"히야! 심장이 생겼다!"

양철나무꾼은 기쁜 나머지 토끼처럼 폴짝폴짝 뛰었지요. 양철나무꾼의 몸 속에서 심장도 폴짝폴짝 뛰고 있었어요.

"양철나무꾼이 콩쥐를 많이 도와줬잖아. 그 마음 때문에 심장이 생긴 거야."

오일러의 말에 모두들 고개를 끄덕였어요. 그리고 한 마음으로 축하를 해주었지요.

"축하해, 양철나무꾼! 네 심장은 이 세상에서 가장 멋진 심장이야."

도형마법사 성으로 가는 길

직사각형의 성질
마주 보는 두 쌍의 변이 평행해요.
마주 보는 두 변의 길이가 같아요.
네 각이 모두 직각이지요.
그래서 직사각형은 사다리꼴, 평행사변형이라고 할 수 있어요.

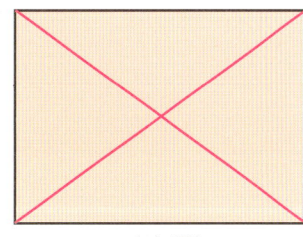

직사각형

정사각형의 성질
마주 보는 두 쌍의 변이 서로 평행해요.
네 변의 길이가 모두 같아요.
네 각이 모두 직각이에요.
그래서 정사각형은 사다리꼴, 평행사변형, 마름모, 직사각형이라고도 할 수 있어요.

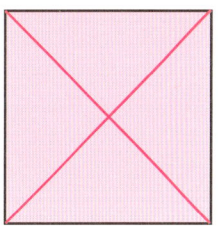

정사각형

대각선
다각형에서 서로 이웃하지 않은 두 꼭짓점을 이은 선분을 대각선이라고 해요.
정사각형과 직사각형은 '두 대각선의 길이가 같은 사각형'이에요.

문학에서 수학 읽기

톨스토이의 소설 속에 나오는 어리석은 농부

『사람은 무엇으로 사는가』라는 소설책이 있어요. 톨스토이의 소설로 이 책 속에는 세 개의 재미난 이야기가 들어 있어요. 「사람은 무엇으로 사는가」, 「바보 이반」이란 이야기와 함께 실린 작품이 「사람에게는 얼마만큼의 땅이 필요한가」라는 소설인데, 도형의 특징을 알면 훨씬 재미있게 읽을 수 있는 작품이지요.

소설 「사람에게는 얼마만큼의 땅이 필요한가」의 주인공은 가난한 농부에요. 농부는 워낙 가난해서 조그마한 땅 한 뼘도 갖질 못했어요. 그래서 평생 제 땅을 갖는 것이 꿈이었지요.

헌데 드디어 기회가 생겼어요. 땅주인이 어느 날 농부에게 특별한 제안을 했거든요.

"해 뜰 무렵에 걷기 시작해서 해 질 무렵까지 제자리로 돌아오면 걸어 다닌 넓이만큼의 땅을 주겠다."

'이게 웬일이람?'

평생 한 번 올까말까 한 행운을 얻은 농부는 신이 날밖에요.

신이 난 농부는 언덕에 올라가서 땅을 내려다보았어요. 제 땅을 갖게 될 거란 기대에 부풀어서 말이에요.

'이제 곧 나는 저 땅의 주인이 되는 거야. 있는 힘을 다해 걸어서 꼭 넓은 땅을 갖고 말 거야.'

과연 농부는 얼마 만큼의 땅을 갖게 되었을까요? 엄청난 땅을 얻게 되었을까요?

하지만 농부는 딱 무덤 한 개 만큼의 땅만 얻었지 뭐예요. 욕심이 앞선 나머지 농부는 아무런 계산도 하지 않았던 거예요. 그저 온종일 우왕좌왕 뛰어다니기만 했지요. 그러다 보니 어느덧 해질 무렵이 되었고, 아슬아슬하게 출발점에 도착하자마자 심장마비로 죽고 말았거든요. 결국 농부는 죽어서야 겨우 무덤 한 개 만큼의 땅을 가졌을 뿐이었어요.
만약 현명한 농부였다면 달리기를 하기 전에 계산을 해봤을 거예요.

1. 해가 뜰 때부터 해가 질 때까지의 걸을 수 있는 총 시간을 계산하기.
2. 마지막까지 힘들지 않도록 걷는 속도를 조절하기.
3. 걸었을 때, 가장 넓은 땅을 가질 수 있는 땅의 모양을 계산하기.

이 세 가지만 계산했어도 죽음에 이르지는 않았을 거예요.
그리고 농부가 수학을 잘 알았다면 당연히 땅의 모양은 원 모양을 택했을 거예요. 수많은 평면도형들 중에서 걷는 거리, 즉 둘레의 길이가 같을 경우, 가장 넓이가 큰 도형은 원이거든요.
그리고 걸을 수 있는 시간과 걷는 속도를 알아내서 걸을 수 있는 거리를 계산해야 했어요. 이 길이가 곧 원의 둘레가 되니까요. 그럼 계산을 해서 원의 반지름을 정할 수 있었겠지요.
만약 그렇게 했다면 농부는 힘들이지 않고 많은 땅을 얻는 행운을 잡았을 거예요.

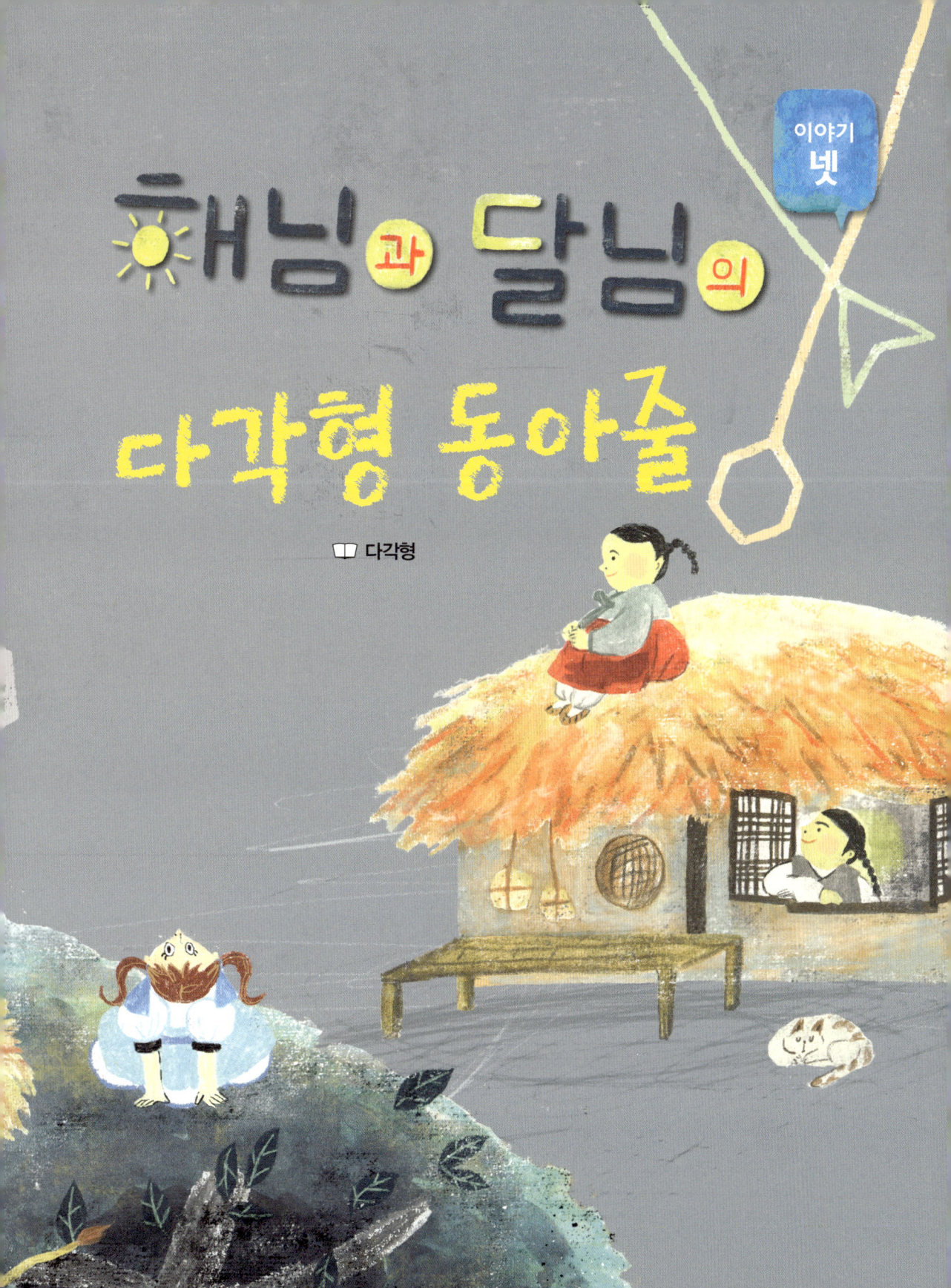

오일러와 친구들은 다시 길을 떠났어요. 이번 길은 유난히 잘 정돈된 곧은 길이라서 별로 힘이 들지 않았지요.

그런데 문제는 시간이었어요. 이미 해는 지고, 주위가 캄캄해서 한 치 앞을 보기도 힘이 들었거든요. 그러다보니 작은 돌부리에서 발이 걸려 넘어지기 십상이지 뭐예요.

"아이쿠! 허리야!"

허수아비는 돌부리에 걸려 넘어져 허리를 다쳤고요.

"에구! 머리야!"

양철나무꾼은 발을 헛디디며 넘어져 땅에 머리를 찧고 말았지요. 오일러와 도로시도 아슬아슬 가슴을 졸여야했어요.

"안 되겠어. 오늘밤은 그냥 길에서라도 자고 가는 게 좋겠어."

매씨가 거친 숨을 할딱이며 앞서 가던 걸음을 뚝 멈췄어요. 뒤따르던 오일러도 멈춰 섰지요.

"그게 좋겠어."

하지만 도로시는 걸음을 멈추지 않았어요.

"안 돼! 난 빨리 집으로 가고 싶어. 서둘러 도형마법사 성으로 가야해."

사자도 도로시를 뒤따랐어요.

"맞아. 나도 빨리 도형마법사 성으로 가서 용기를 얻어내고 말 거야. 그래서 하루 빨리 용감한 사자가 될 거야."

도로시와 사자의 생각은 아주 단호했어요. 아무도 말릴 수가 없었지요.

"할 수 없지 뭐. 다시 힘을 내서 가보자."

오일러는 일행들을 일으켜 세우며 재촉을 했어요.

매씨가 하늘을 올려다보며 고개를 갸웃한 건 그때였어요.

"오늘 밤은 정말 이상해. 이 시간이면 달님이 떠야하는데, 아무것도 뜨질 않았잖아. 달님이라도 나타나서 길을 좀 밝혀주면 좋을 텐데."

매씨의 말에 모두들 하늘을 올려다보았지요.

"정말 이상하네? 왜 달님이 안 뜰까?"

"달님이 아파서 못 나왔나? 독감이라도 걸린 거 아닐까?"

"뭐? 달님이 독감에 걸렸다고? 상상만 해도 웃긴다. 헤헤헤!"

사자의 엉뚱한 농담에 도로시가 웃음을 터트리고 말았어요. 기침을 콜록콜록 하면서 몸져누웠을 달님을 상상하니 절로 웃음이 터진 거지요.

"진짜 웃긴다! 우헤헤헤!"

오일러도 배꼽을 잡고 웃어대는 참이었어요.

"아아아! 소리가 잘 들리나?"

난데없이 어디선가 낯선 소리가 들려왔어요.

"이게 무슨 소리지?"

도로시와 친구들은 우왕좌왕 했지요. 어둠 속에서 들려오는 낯선 소리는 어쩐지 으스스했거든요. 그런데 가만 들어보니, 그 소리는 하늘에서 들려오고 있었어요.

"하늘에서 나는 소리야!"

도로시는 고함을 지르며 하늘을 보았지요.

낯선 소리가 다시 들린 건 그때였어요.

"나는 도형마법사다. 오늘밤 달이 뜨지 않는 것은 해님과 달님 오누이가 문제를 풀지 못해서 그런 거야. 오누이의 문제를 함께 풀어 줘. 그럼 노란 달님이 나타날 거야."

도형마법사의 소리는 그것이 전부였어요. 마치 마이크로 방송을 하듯 할 말만 하고 뚝 멈춰 버린 도형마법사의 목소리!

오일러와 친구들은 어리둥절한 표정으로 까만 하늘만 올려다보았지요.

하지만 언제까지 하늘만 올려다볼 수는 없는 노릇이지 뭐예요.

"얘들아, 모두들 도형마법사가 하는 말 들었지? 도형마법사가 우리에게 다시 미션을 준 거야."

오일러의 말에 매씨도 고개를 끄덕였어요.

"동화 『해와 달이 된 오누이』의 주인공인 오누이가 위험에 빠진

게 확실해. 일단 그 오누이부터 찾아보자."

그런데 이 어둠 속에서 어떻게 오누이를 찾을 수 있을까요?

그때 주위를 두리번거리던 사자가 소리쳤어요.

"어? 저기 불빛이 보여."

정말 저만치에서 하얀 불빛이 보였어요. 누군가 밝혀놓은 등잔불이 반짝이는 것 같았지요.

"오누이네 집일 거야. 어서 저리로 가보자."

매씨가 앞장을 선 채 불빛을 따라 달려갔어요. 다른 친구들도 우르르 뒤를 따랐지요.

그런데 집에 닿기도 전에 들려오는 여자 아이의 울음소리!

"오빠, 어떡해? 어느 것이 진짜 동아줄인지 모르겠어. 흑흑흑!"

그 소리는 집 옆에 있는 수수밭에서 들려오고 있었지요.

"저리로 가보자!"

매씨와 친구들은 수수밭으로 가 보았어요. 그곳엔 정말 오누이가 울고 있었지요.

오누이는 하늘을 올려다보고 있었는데, 거기엔 여러 개의 동아줄이 내려와 있었어요. 동화 내용대로라면 하늘에서 내려온 동아줄이 분명했어요. 무서운 호랑이를 피해서 도망을 나온 오누이는 하늘에서 내려온 동아줄을 타고 하늘로 올라가서 해와 달이 되는 게 『해와 달이 된 오누이』의 마지막 결말이니까요.

"애들아, 왜 울고 있는 거야? 어서 동아줄을 타고 하늘로 올라가야지?"

오일러의 말에 오누이는 슬픈 표정으로 말했어요.

"우리도 그러고 싶어. 호랑이는 너무 무섭거든. 그런데 어느 게 진짜 동아줄인지 모르겠어. 이 동아줄 중에 하나만 우리를 하늘로 데려갈 진짜 동아줄이거든. 나머지는 모두 썩은 동아줄이야."

가만 보니, 동아줄은 모두 일곱 개나 되었어요. 게다가 모양도 모두 제각각이었지요.

"대체 이 줄들 중에 어느 게 진짜 동아줄일까?"

오일러는 많은 줄들을 살펴보기 시작했어요. 하지만 아무리 봐도 알 수가 없었지요.

그러자 마침 울고 있던 여동생이 말했어요.

"아까 도형마법사가 힌트를 줬어. 하늘에서 도형마법사 목소리가 들렸거든."

"뭐라고 했는데?"

"근데 그 힌트란 게 너무 어려워. 무슨 말인지 모르겠거든. 도형

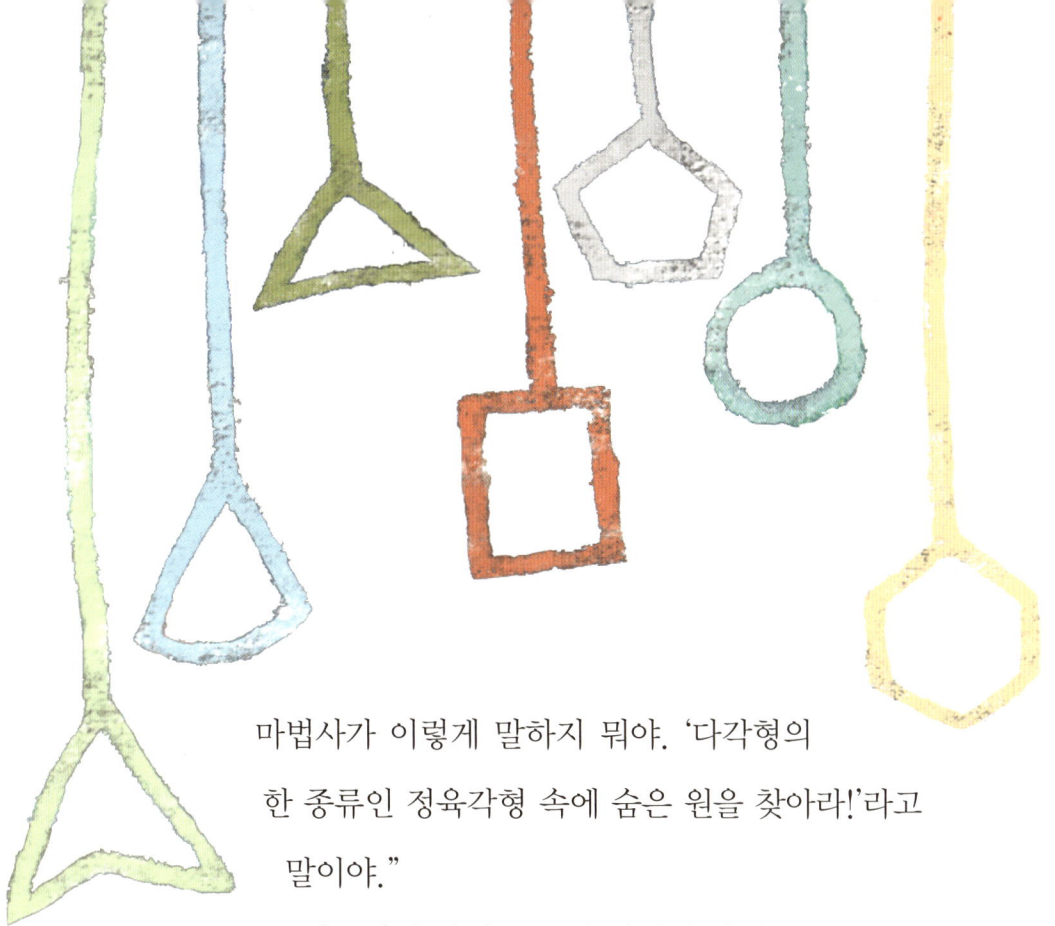

마법사가 이렇게 말하지 뭐야. '다각형의 한 종류인 정육각형 속에 숨은 원을 찾아라!'라고 말이야."

여동생의 말에 모두가 당황할 밖에요.

"다각형의 한 종류인 정육각형 속에 숨은 원을 찾으라고?"

"그게 무슨 뜻일까?"

하지만 매씨와 오일러는 당황하지 않았어요.

"걱정 마. 수수께끼를 풀듯이 차근차근 도형마법사의 말을 풀어 보면 돼."

"맞아. 도형마법사의 말을 풀면 진짜 동아줄을 찾을 수 있을 거야."

오누이도 힘이 나는 눈치였어요.

"어떻게 풀면 되는데?"

오빠의 말에 도로시가 고개를 갸웃거리며 말했지요.

"내 생각엔 일단 다각형이 무엇인지부터 알아야할 것 같아. 오일러! 다각형부터 알려줄래?"

"알았어. 다각형은 선분으로 둘러싸인 도형을 이르는 말이야. 변의 수에 따라 삼각형, 사각형, 오각형, 육각형 등으로 부르지."

오일러의 말이 끝나기 무섭게 사자가 소리쳤어요.

"아하! 알겠어! 변의 수가 세 개면 삼각형이고, 네 개면 사각형이라는 거지? 다섯 개면 오각형이고 말이야."

"딩동댕! 정답이야."

모두들 이젠 도형에 대해서 척척 알아들을 정도로 실력이 닦인 거지요.

허수아비와 양철나무꾼이 동아줄 앞으로 달려간 건 그때였어요.

"그럼 이 동아줄들 중에서 우선 다각형부터 찾아보자."

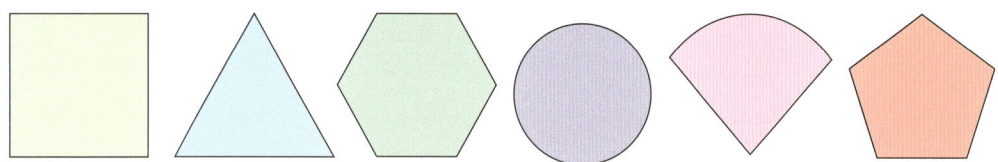

양철나무꾼이 금세 다각형 동아줄을 찾아냈지요.

하지만 허수아비는 양철나무꾼을 향해 손을 절레절레 저었어요.

"아냐! 아냐! 원과 부채꼴 모양은 다각형이 아니잖아. 선분으로 둘러싸인 도형이 다각형인데. 그 두 개는 선분으로 둘러싸여 있지 않으니까 다각형이 아니지."

"아차! 그렇구나. 그럼 요것만 다각형이야."

양철나무꾼은 다시 다각형 동아줄을 골랐어요.

"맞았어. 그럼 이번엔 정육각형이 뭔지 알아내면 돼."

오일러가 고개를 끄덕이자, 양철나무꾼은 고개를 갸웃했지요.

"육각형은 내가 정확히 알아. 6개의 선분으로 둘러싸인 다각형이 육각형이니까 바로 이거잖아. 근데 정육각형은 뭘까?"

허수아비가 소리친 건 그때였어요.

"아하! 난 알 것 같아. 변의 길이가 모두 같은 걸 말하는 게 아닐까? 그러니까 정육각형은 여섯 개의 선분

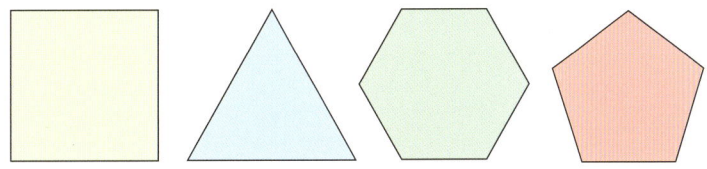

의 길이가 모두 똑같단 뜻이지."

순간 매씨와 오일러는 일제히 박수를 쳤어요.

"정확히 맞혔어. 역시 허수아비의 뇌는 정말 대단해."

볼록다각형과 오목다각형

3개 이상의 선분으로 둘러싸인 평면도형을 다각형이라고 말하는데, 몇 개의 선분으로 둘러싸였느냐에 따라 이름이 삼각형, 사각형, 오각형 등으로 불려요. 또 형태에 따라 선분의 길이가 모두 같으면 정다각형, 모든 변의 길이가 다 다르면 부등변다각형이라고 불러요.

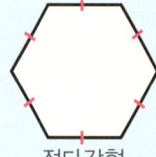 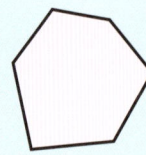 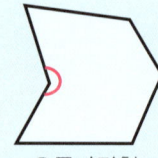 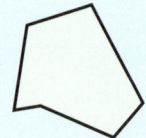

정다각형   볼록다각형   오목다각형   부등변다각형

볼록다각형 : 모든 내각이 180도보다 작아서, 다각형의 어느 변을 연장해도, 그 연장된 선이 다각형의 내부를 지나지 않는 도형을 볼록다각형이라고 해요.

오목다각형 : 하나 이상의 내각이 180도보다 커서 한 변 또는 여러 변을 연장할 때, 그 연장한 선이 그 도형 안을 통과하는 다각형을 오목다각형이라고 해요. 이름 그대로 다각형의 모양이 오목하게 들어간 곳이 있는 거예요.

"변의 길이가 모두 같고, 각의 크기가 모두 같은 다각형을 정다각형이라고 하지. 정다각형도 변의 수에 따라 정삼각형, 정사각형, 정오각형 등으로 부르지."

설명을 모두 들은 오누이는 동아줄을 하나씩 확인했어요.

"그럼, 양철나무꾼이 골라낸 동아줄들은 모두 정다각형이네."

"요건 정삼각형. 요건 정사각형, 요건 정오각형이고 마지막은 정육각형이야."

하지만 오누이는 이내 풀이 죽고 말았어요.

"하지만 아직도 모르겠어. 도형마법사는 '다각형의 한 종류인 정육각형 속에 숨은 원을 찾아라!'라고 했잖아. 정육각형은 확실히 찾을 수 있어. 근데 정육각형 속에 숨은 원이 뭘까?"

오누이의 말에 모두들 다시 고민에 빠졌지요. 사자와 도로시는 동아줄을 보며 중얼거렸어요.

"원이라면 둥근 모양이잖아. 둥근 모양을 찾으란 걸까?"

"둥근 원이라······. 달님도 둥글고, 해님도 둥근데······."

그때였어요. 오일러가 활짝 웃으며 소리를 질렀지요.

"아하! 알아냈다!"

"뭐? 알아냈다고? 진짜 동아줄을 알아낸 거야?"

오누이가 놀란 눈으로 오일러를 보았어요. 오일러는 차근차근 설명을 시작했지요.

"사자의 말처럼 달님과 해님은 원 모양이잖아. 그리고 정육각형은 다각형 중에서 원과 가장 닮은 도형이야. 그러니까 '다각형의 한 종류인 정육각형 속에 숨은 원을 찾아라!'라는 건 '정육각형 동아줄을 타고 올라가면 원 모양의 해와 달이 될 수 있다'는 의미지."

오누이는 당장 동아줄들 앞으로 달려갔어요.

"오일러의 말이 맞다면, 우리는 하늘로 무사히 올라갈 거야. 하지만 만약 오일러의 생각이 틀렸다면 썩은 동아줄일 테니까 중간에 떨어지고 말겠지."

"애들아, 우리가 하늘로 무사히 올라갈 수 있게 기도해 줘."

오누이는 정육각형의 동아줄을 잡고 매달렸어요.

그 순간 동아줄은 하늘로 올라가기 시작했어요. 그 모습을 올려다보는 오일러와 친구들의 마음은 조마조마 했지요.

"제발! 무사히 하늘로 올라가세 해주세요!"

모두들 기도하는 마음이 되었어요.

그리고 다음 순간, 오일러와 친구들은 환호성을 터트렸지요.

"우와! 오일러의 말이 맞았어."

오누이가 무사히 하늘로 올라간 거예요.

"정말 다행이야."

오일러도 졸이던 가슴을 그제야 쓸어내렸지요.

그런데 다시 한 번 가슴 졸이는 일이 벌어졌지 뭐예요.

어흥! 어흥!

오누이를 쫓아온 호랑이가 그제야 나타났거든요. 호랑이는 오누이 대신 오일러와 친구들이라도 혼내주겠다는 듯 으르렁거렸어요.

"엄마야! 호랑이닷!"

"아이쿠! 사람 살려!"

"으악! 허수아비 살려!"

수수밭은 금세 아수라장이 되었지요.

"사자 살려!"

겁쟁이 사자도 호랑이를 피해 수수단 뒤로 숨었어요. 그러자 허수아비가 사자의 옆구리를 찌르며 말했어요.

"사자야! 네가 어떻게 해 봐! 넌 호랑이보다 힘이 세잖아."

"나도 무서운걸. 난 겁쟁이잖아."

사자는 오히려 부들부들 떨었어요.

그런데 그 사이 매씨가 위험에 빠졌지 뭐예요. 호랑이가 매씨를 향해 입을 쩍 벌렸어요.

"어떡해? 매씨가 호랑이에게 잡아 먹히고 말겠어!"

믿지 못할 일이 벌어진 건 그때였어요.

"나쁜 호랑이야! 당장 사라져! 어흐흐흥!"

겁쟁이 사자가 호랑이를 향해 으름장을 놓으며 고함을 친 거예요. 친구인 매씨가 위험에 빠지자 죽을힘을 다해 용기를 낸 거죠.

"어흐흐흥!"

사자의 고함 소리에 호랑이는 그만 꼬리를 툭 떨궜어요. 그러더

니 냅다 어둠 속으로 도망을 쳐버렸지요.

"와! 호랑이가 도망쳤어."

"용감한 사자 만세! 넌 이제 겁쟁이가 아니야. 너도 이제 용기를 갖게 된 거야."

달님이 노랗게 나타난 건 그때였어요. 오누이도 하늘에서 기뻐하는 듯 노란 달빛을 환하게 비춰 주었어요. 그리고 그 순간 달빛 아래로 도형마법사 성으로 가는 길이 노랗게 드러났지요.

오일러는 힘차게 소리쳤어요.

"길이 보이기 시작했어. 도형마법사 성을 향해 모두 출발!"

내용정리

다각형
선분으로 둘러싸인 도형을 다각형이라고 해요.
변의 수에 따라 삼각형, 사각형, 오각형, 육각형 등으로 부르지요.

정다각형
변의 길이가 모두 같고, 각의 크기가 모두 같은 다각형을 정다각형이라고 해요.
정다각형은 변의 수에 따라 정삼각형, 정사각형, 정오각형, 정육각형 등으로 부르지요.

자연에서 수학 읽기

자연은 왜 육각형을 선택했을까?

자연 속엔 유난히 육각형이 많아요. 겨울에 내리는 눈의 결정체도 육각형이고, 잠자리의 날개 무늬도 육각형이지요. 거북이의 등껍데기 문양도 육각형이에요. 하지만 가장 신기한 육각형은 꿀벌의 집이에요. 벌들은 육각형의 벌집을 지어서 꿀도 저장하고, 알도 낳아 부화를 시키지요. 그런데 벌은 왜 육각형의 집을 짓는 걸까요?

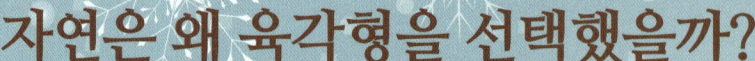

집을 지을 때는 같은 둘레에서 넓이가 가장 큰 도형을 만드는 것이 경제적이지요. 둘레가 커질수록 집을 만드는 재료가 더 필요하니까요. 그런데 둘레가 일정할 때 도형의 모양이 원에 가까울수록 넓이가 커져요. 그래서 둘레가 일정할 때 넓이가 가장 큰 도형은 원이지요. 그 때문에 뱀이나 두더지 같은 동물들은 집을 원 모양으로 짓는답니다.

그럼 벌도 원을 이어서 집을 지으면 좋지 않았을까요? 그런데 가만 생각해 보세요. 원들을 쭉 이어보면 그 사이에 빈틈이 생긴다는 사실을 알 수 있답니다. 빈틈이란 사용할 수 없는 공간이니까 경제적이지가 못한 거지요. 그래서 벌들은 버려지는 공간이 없이 평면을 완전히 메울 방법을 찾았

고, 그 해결책으로 모든 변의 길이가 같은 정다각형을 선택한 거예요.
정다각형 중에는 빈틈없이 평면을 덮을 수 있는 도형이 세 개나 있지요. 정육각형과 정사각형, 정삼각형이 그것이에요. 그런데 정육각형과 정삼각형을 비교해 보면 정육각형이 실용적이랍니다. 둘레가 일정할 때 정삼각형보다 정육각형의 넓이가 더 넓거든요. 즉, 크기가 같은 공간을 만들어보면 정육각형이 정삼각형보다 집을 지을 재료가 덜 드는 거지요. 그리고 정육각형은 정사각형보다도 구조적으로 훨씬 튼튼하거든요. 예를 들어, 세찬 바람이 불어오면 정사각형의 구조는 바람의 힘이 분산되지 않아 쉽게 찌그러질 수 있어요. 반면 정육각형은 힘을 쉽게 분산시키기 때문에 강한 바람에도 잘 버티지요. 이처럼 최소의 재료로 가장 넓은 공간을 만들 수 있는 튼튼한 구조라는 이유로 벌들은 정육각형으로 집을 지은 거예요.

육각형 방의 벌집 구조는 흔히 '허니콤구조'라고 불러요. 이 구조는 우리 생활 속에서도 다양하게 이용되고 있지요. 골판지의 단면을 육각형으로 만들면 강도가 뛰어나요. 볼트와 너트도 정육각형 모양을 하고 있지요.

이야기 다섯

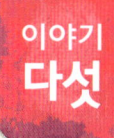

입체도형 마법사의 마지막 문제

📖 직육면체

각기둥과 각뿔

원기둥과 원뿔

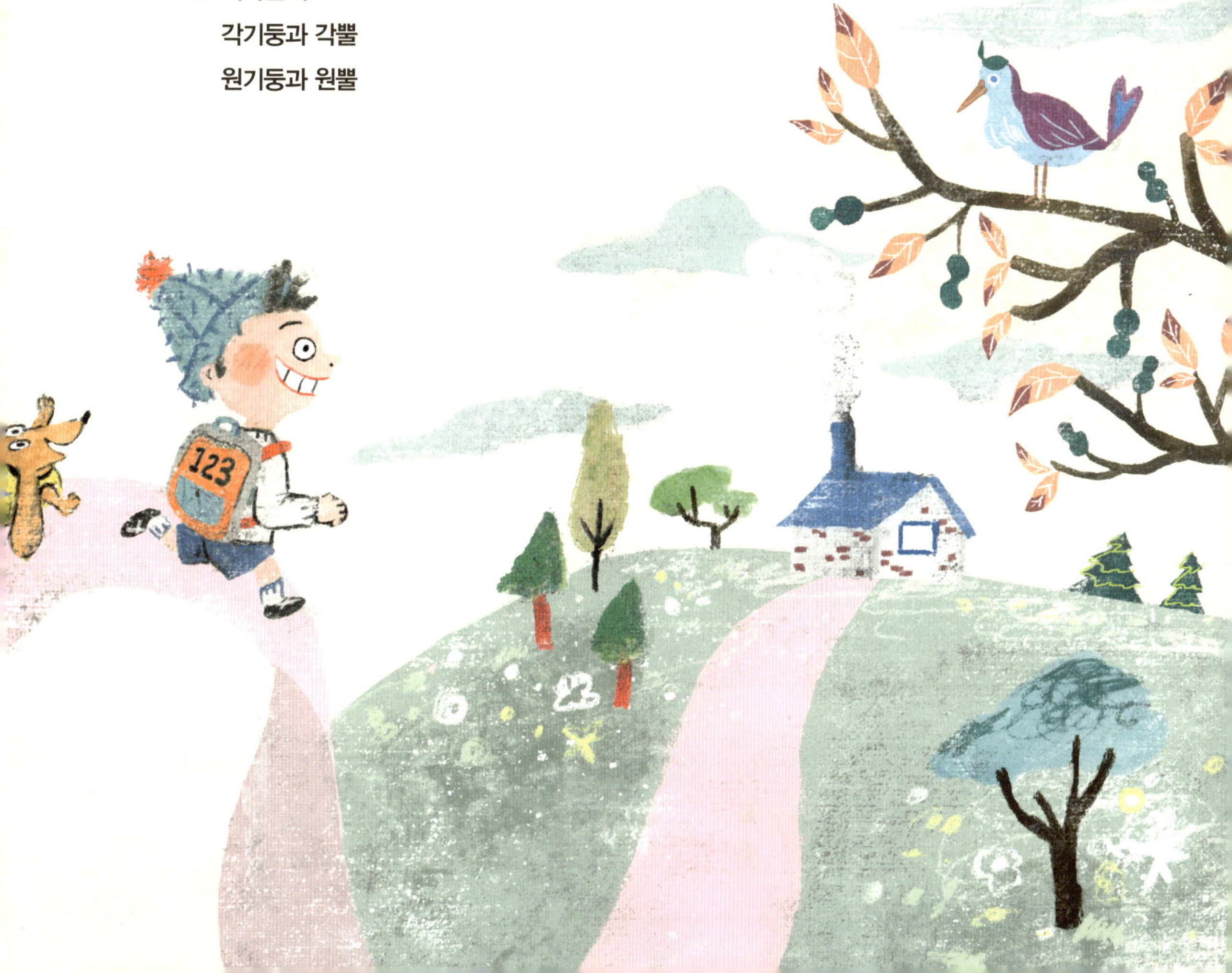

얼마나 걸어간 걸까? 저만치 커다란 성이 나타났어요. 성문은 활짝 열려 있었어요.

"우와! 도형마법사 성이다!"

용기가 생긴 뒤로, 가장 앞에서 친구들을 이끌던 사자가 환호성을 질렀지요.

"와! 드디어 집으로 가는 거야!"

도로시는 기쁨에 겨워 펄쩍펄쩍 뛰었어요. 용기를 얻은 사자와 심장을 얻은 양철나무꾼, 그리고 뇌를 가지게 된 허수아비까지 도로시와 함께 기뻐해 주었어요. 자신들은 이미 원하는 걸 모두 가졌지만, 아직 집으로 가는 길을 찾지 못한 도로시 때문에 그 동안 마음이 아팠거든요. 그래서 끝까지 여행도 함께한 거예요.

매씨와 오일러도 기뻐했어요.

"이제 도로시를 무사히 집으로 돌려보내면 절대수학사전이 완성될 거야. 물론 우리도 집으로 돌아가고 말이야."

"어서 성으로 들어가서 도형마법사를 만나자!"

오일러는 성큼 성으로 들어갔어요.

그런데 도형마법사의 성은 생김새부터가 유별나지 뭐예요.

우뚝 솟은 둥근 기둥 위로 공 모양의 방이 있는가 하면, 네모난

상자 같은 건물과 세모 상자 같은 건물들이 붙어 있기도 했고, 삐죽삐죽 뿔들이 이상하게 솟아 있기도 했어요.
 그 성을 구경하는 것만으로도 신기할 정도였지요.

한참이나 성을 구경하던 매씨가 문득 중얼거렸어요.

"도형마법사의 성은 입체도형 성이구나."

오일러도 재미있는 듯 말했어요.

"맞아. 성 전체가 3차원 입체도형이야."

"3차원 입체도형이라고? 그게 무슨 뜻이야?"

도로시가 호기심 어린 눈으로 묻자, 오일러는 수학가방 속에서 모눈종이와 연필 그리고 자를 꺼냈어요. 그러고는 모눈종이에 점 여덟 개를 찍었지요.

"요런 점을 0차원이라고 해. 차원이란 수학에서 도형이나 사물의 위치를 설명하기 위해 필요한 최소한의 축을 말해. 가로 세로의 길이나 두께 같은 높이를 축이라고 하는데, 점은 길이도 면적도 가지고 있지 않거든."

이번엔 오일러가 점과 점을 잇기 시작했어요.

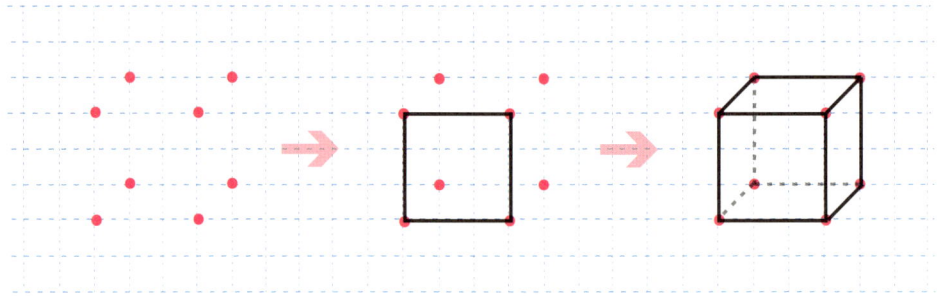

"잘 봐. 요렇게 점과 점을 이으니까, 선이 생기지? 선은 1차원이라고 하지. 그럼 선과 선을 이으면 뭐가 될까?"

오일러가 선과 선을 계속 이어주자, 이번엔 네모 모양의 사각형이 나타났어요.

"이렇게 선이 모여서 면이 되는 거야. 면과 면이 모이고 겹쳐지면 뭐가 될까?"

오일러는 모눈종이 위의 나머지 점들도 계속 선으로 이었어요. 그러자 네모난 면이 계속 생기면서 정육면체의 상자 모양이 그려졌지요.

그러자 도로시가 신기한 듯 말했어요.

"우와! 입체도형이야! 면이 모이고 합쳐져서 입체도형이 됐어."

"맞아. 그 그림은 정육면체라는 입체도형을 그린 거야. 이런 입체도형을 3차원이라고 하지. 3차원은 가로, 세로, 높이를 가진 공간인데, 이렇게 3개의 축이 있는 공간을 3차원 공간이라고 해. 여기 도형마법사의 성처럼 말이야."

"아하! 그럼 우리가 사는 세상 전체

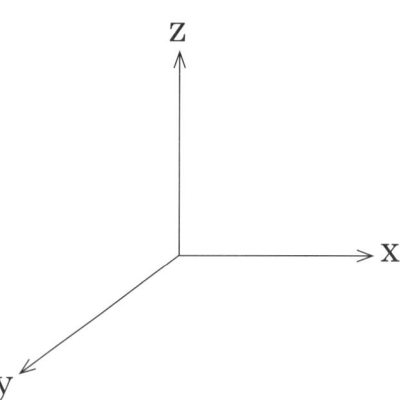

가 3차원 공간이겠네?"

도로시는 도형마법사의 성을 하나하나 살피기 시작했어요. 3차원 입체도형이라는 말에 흥미를 느낀 거지요.

"저 입체도형은 이름이 뭐지?"

"그건 삼각기둥이야. 입체도형 중에서 위와 아래의 두 면이 평행이고, 합동인 다각형 도형을 각기둥이라고 하지. 네모난 상자 모양 기둥은 사각기둥이고 세모난 모양의 기둥은 삼각기둥이지. 둥근기둥 모양은 원기둥이라고 해."

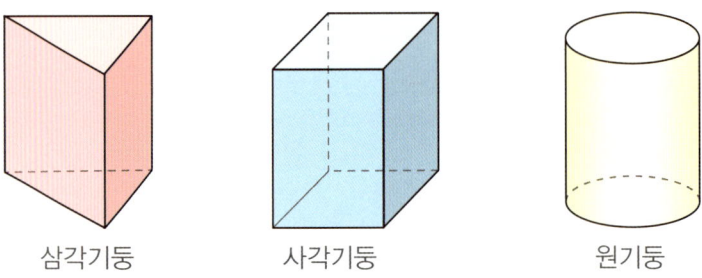

삼각기둥   사각기둥   원기둥

도로시의 설명을 듣던 허수아비도 재미난 듯, 한 건물을 가리켰어요.

"그럼 저건 이름이 뭐야? 꼭 이집트의 피라미드 같아."

"맞아. 피라미드하고 같은 모양이야. 피라미드와 같은 사각뿔이거든. 저 건물처럼 밑면이 다각형이고, 옆면이 삼각형인 입체도형을 각뿔이라고 하지. 각뿔의 이름은 밑면의 모양으로 정해져."

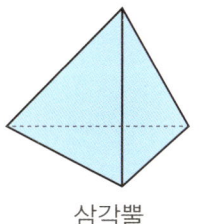 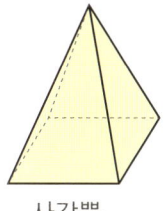 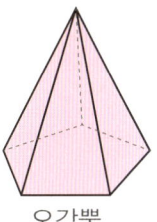 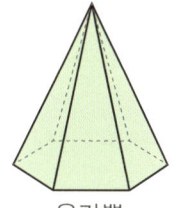

삼각뿔　　　　사각뿔　　　　오각뿔　　　　육각뿔

"아하! 밑면의 모양이 삼각형이면 삼각뿔! 사각형이면 사각뿔이란 거지? 그래서 저건 사각뿔이구나."

빠빠라빵빵!

요란한 군악대 소리가 들려온 건 그때였어요. 그리고 저만치 군악대가 등장했지요. 그런데 군악대 옆으로 늘어선 군사들이 무언가를 호위하며 나타났어요. 그건 거대한 공 모양의 수레였어요.

"우와! 구 모양의 수레다!"

오일러는 놀란 듯 말했지요. 구 모양의 수레는 처음 보았으니까요.

"저렇게 공 모양으로 생긴 입체도형을 구라고 하는 거야."

오일러는 도로시에게 황급히 말했지요. 분명히 도로시가 '구 모

각뿔의 이름은 밑면의 모양에 따라 정해지네.

양? 그게 뭐야?'라고 물을 거란 걸 안 거예요.

구 모양의 수레가 반으로 쫙 갈라진 건 그 순간이었어요.

갈라진 구 안에선 요상하게 생긴 사람이 나왔지요. 둥글둥글 구 모양의 얼굴에. 사각뿔 몸통, 그리고 원기둥 팔과 다리를 가진 사람이었어요. 구 모양의 얼굴엔 점이 눈처럼 콕콕 찍혔고, 코는 선으로 쭉 그어져 있었어요. 구 위쪽에 풍성하게 난 머리카락으로 보아 여자가 분명했지요.

마침 놀란 오일러와 친구들을 향해 호위군사들 가운데 가장 앞에 서 있던 군사가 소리쳤어요.

"도형마법사 님이시다. 어서 인사를 올려라."

그제야 오일러와 친구들은 요상하게 생긴 여자의 정체를 알았어요. 그녀가 바로 도형마법사였던 거지요.

"그래서 온몸이 도형으로 이루어진 거구나. 도형마법사라는 이름이 딱 어울려!"

오일러는 냉큼 90°로 몸을 숙여 인사를 했지요. 친구들도 모두 오일러를 따라 인사를 했어요.

"도형마법사 님, 이제 집으로 가는 길을 알려주세요."

도로시는 기대에 찬 목소리로 말했지요.

그런데 이건 또 무슨 일이에요?

"물론 집으로 돌아가야지. 그런데 아직 마지막 문제가 남았어. 이것마저 풀어야 집으로 갈 수 있단다."

도형마법사는 점 두 개로 만들어진 눈을 실룩실룩 거리며 말했어요.

"뭐라고요? 또 문제를 풀어야 한다고요?"

도로시는 그만 울상이 되었지요.

하지만 허수아비와 사자는 도로시를 위로하며 말했어요.

"걱정 마, 도로시. 그 동안 우리가 힘을 모아서 모든 문제를 풀어

냈잖아. 이번에도 꼭 풀어낼 거야."

오일러도 도로시를 위로했어요.

"맞아. 우리가 도와줄게."

매씨는 당당하게 도형마법사를 향해 소리쳤지요.

"마법사 님, 마지막 문제가 뭔가요? 어서 알려주세요."

"그 문제는 광장에 있어. 나를 따라 오너라."

도형마법사는 오일러와 친구들을 광장으로 데려갔어요. 어마어마하게 넓은 광장에는 다양한 모양의 상자들이 있었지요.

"저건 삼각기둥이야."

"저기 있는 건 육각뿔이야."

"맨 뒤에 있는 건 구야."

약속이라도 한 듯 오일러와 친구들은 상자 모양의 이름들을 말했어요.

그러자 도형마법사는 만족스러운 듯 빙그레 웃었어요.

"모두들 잘 알고 있군. 그 동안 도형에 대해 제대로 공부를 했구나. 그럼 이번 문제도 어렵지 않을 거야. 자, 그럼 마지막 문제를 내주지."

오일러와 친구들은 일제히 마법사의 입을 쳐다보았지요.

'과연 마법사의 마지막 문제는 뭘까?'

모두들 긴장한 표정이었어요. 그런데 그 문제란 게 이상했어요.

"도로시! 넌 특별한 기구를 타고 집으로 돌아가야 해. 그 기구가 널 집으로 데려다 주기로 되어 있거든. 저것들 중에 너를 집으로 데려가 줄 도구의 모양이 있단다. 과연 그건 어떤 모양일까? 그걸 맞혀 봐. 그럼 집으로 갈 수 있어."

세상에! 전혀 예상조차 하지 못한 문제이지 뭐예요.

"으아아앙!"

도로시가 울음을 터트린 건 그때였어요. 곧 집으로 가게 됐다며 좋아했는데, 이상하기만 한 문제를 받고 보니 절로 울음이 터진 거지요.

"난 이제 집으로 가긴 틀렸어. 대체 저 상자들이 어떻게 나를 집으로 데려다 준다는 거야. 으아앙!"

도로시는 울음을 그칠 줄 몰랐지요.

도로시가 울자, 사자와 허수아비, 양철나무꾼까지 덩달아 울음을 터트렸어요.

"어떡해! 도로시가 가여워! 으아앙!"

"도형마법사님은 너무해! 으아앙!"

"이런 엉터리 문제가 어딨어. 으아앙!"

오일러는 도로시와 친구들을 위로하려고 애를 썼지요.

"울지 마! 운다고 해결되는 게 아니잖아."

매씨도 나섰어요.

"우리가 힘을 모아 생각을 해보면 돼. 집으로 데려다 줄 도구라면 뭐가 있을까? 혹시 자동차가 아닐까? 그럼 사각기둥 모양이잖아."

그러자 도로시는 고개를 절레절레 저었어요.

"자동차? 그건 또 뭐야? 우리 동화 나라엔 자동차 같은 건 없어."

그랬어요. 동화 나라는 전래동화와 명작동화 세상이다 보니 아직 자동차나 비행기 같은 건 등장을 안 한 거예요.

"그럼 동화 나라에선 어떤 도구로 이동을 하지?"

도로시가 고개를 갸웃하자, 사자와 허수아비와 양철나무꾼이 한 마디씩 했지요.

"말을 타고 가지."

"소가 수레를 끌고 가기도 해."

"큰 풍선을 띄워서 타고 가면 안 될까? 누군가 그렇게 했다는 소문을 들은 것 같아."

순간 오일러는 손뼉을 탁 쳤지요.

"맞아! 그거야! 둥그런 풍선! 애드벌룬이라면 동화 나라에도 가능해. 그걸 타고 가면 되는 거야."

오일러의 말에 도로시는 눈물을 뚝 멈췄지요.

"애드벌룬? 그거라면 나도 우리 동네에서 타본 적이 있어."

그 순간 신기한 일이 벌어졌지요.

눈앞에 있던 둥근 구 모양이 반짝반짝 빛을 내며 알록달록 애드

벌룬으로 변하지 뭐예요. 그 아래로는 도로시를 태울 바구니도 나타났어요.

"도로시! 어서 타라! 이제 애드벌룬이 집으로 데려다 줄 거야."

도형마법사도 기쁜 듯 소리쳤어요.

도로시는 후다닥 뛰어가 바구니에 쏙 들어갔지요. 그 순간 애드벌룬은 하늘 높이 날아올랐어요.

"도로시! 잘 가!"

사자와 허수아비 그리고 양철나무꾼은 손을 흔들며 배웅을 했어요.

"도로시! 안녕!"

오일러와 매씨도 손을 흔들었지요.

"얘들아, 함께 여행해 줘서 고마워. 안녕! 잘 있어!"

도로시도 손을 흔들며 멀리멀리 사라져갔어요.

그때였어요. 도형마법사의 성벽에 검은 구멍이 뚫리며 펑! 소리가 났어요.

그리고 오일러와 매씨도 쏙 구멍으로 빨려 들어가 집으로 돌아왔지요.

집으로 돌아온 오일러는 절대수학사전부터 확인했어요.

"히야! 드디어 모두 완성됐어."

사전은 마지막 페이지까지 잘 정돈된 상태였어요.

"멍멍멍!"

매씨도 다시 애완견으로 돌아와 꼬리를 살살 흔들었지요.

오일러는 다시 침대로 돌아왔어요. 그리고 이제 편안하게 잠을 청했어요.

"이젠 모든 게 제자리로 돌아왔어. 긴 여행을 해서 그런지 너무 피곤해. 이제 잘 거야. 매씨! 너도 피곤하지? 이리 와서 자자."

오일러가 매씨의 머리를 쓰다듬자, 매씨도 오일러의 곁에서 살포시 눈을 감았어요. 오일러도 두 눈을 꼭 감으며 잠을 청했지요. 소록소록 달콤한 잠이 쏟아졌어요.

오일러는 행복한 미소를 지으며 중얼거렸어요.

"피곤하기 했지만, 참 멋진 여행이었어."

다양한 전개도

우리가 흔히 가지고 노는 주사위는 6개의 면으로 구성된 정육면체에요. 그런데 정육면체는 6개의 면으로 구성된 게 맞는 걸까요?

그것을 알아보려면 주사위를 활짝 펼쳐보면 된답니다. 이처럼 입체의 표면을 알맞게 잘라서 평면으로 펼쳐 놓은 모습을 전개도라고 해요. 입체도형의 전개도를 보면, 결국 입체도형도 평면도형들이 모여서 이루어진다는 사실을 알 수 있지요.

과연 각 입체도형들은 무엇으로 이루어져 있을까요?

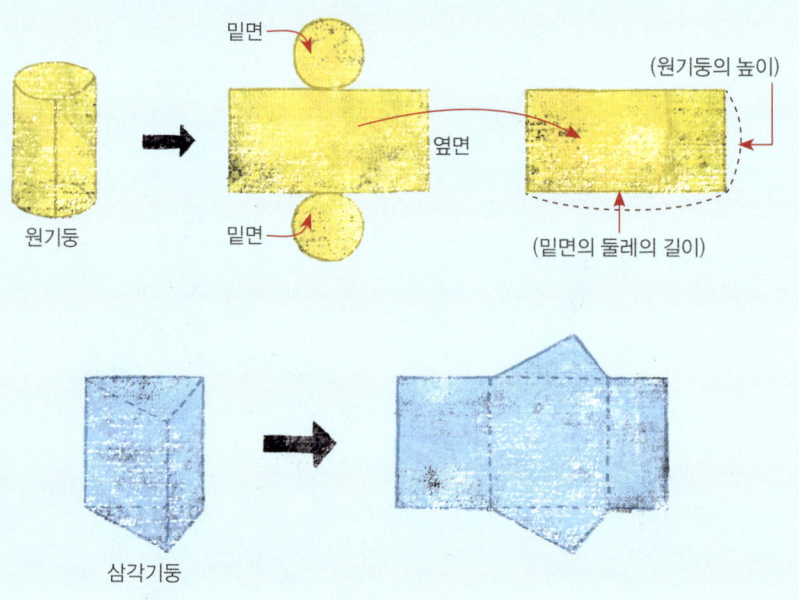

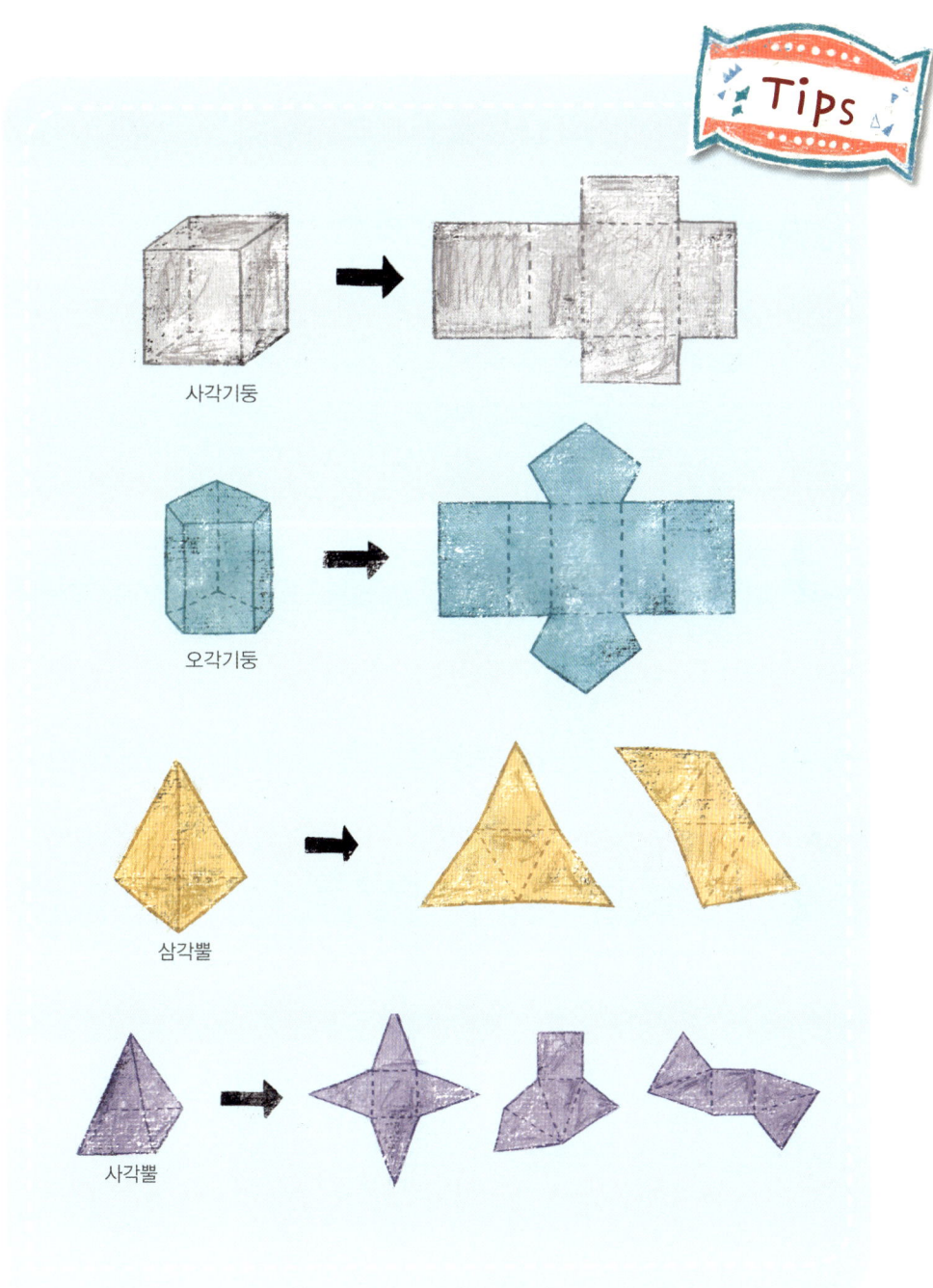

입체도형의 종류와 이름

입체도형은 공간도형이라고도 하는데, 위치와 모양, 길이, 너비, 두께 등을 가지면서 '공간'을 차지하는 도형을 말해요. 흔히 3차원 도형이라고 하지요.
입체도형은 크게 각기둥, 각뿔, 구로 나눌 수 있어요.

위와 아래의 두 면이 평행이고, 합동인 다각형 도형은 각기둥이라고 하는데, 네모난 기둥 모양은 사각기둥이고, 세모난 기둥 모양은 삼각기둥, 둥근기둥 모양은 원기둥이라고 해요.

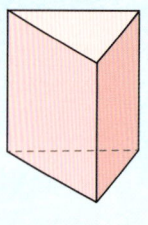
삼각기둥

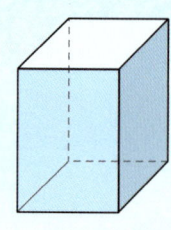
사각기둥

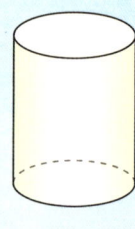
원기둥

밑면이 다각형이고, 옆면이 삼각형인 입체도형을 각뿔이라고 해요. 각뿔의 이름은 밑면의 모양으로 정해지는데, 밑면 모양이 삼각형이면 삼각뿔, 사각형이면 사각뿔, 오각형이면 오각뿔 등으로 불리지요.

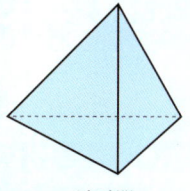
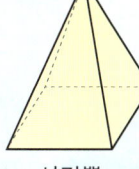
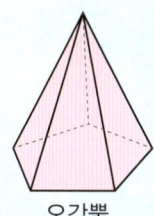
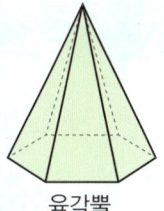

삼각뿔　　사각뿔　　오각뿔　　육각뿔

구는 공 모양을 말해요.

예술에서 수학 읽기

도형과 관련된 건축물 소개

건축물은 입체도형들의 합작품이라고 할 수 있어요. 하나의 건물 속에도 구, 각뿔, 기둥 등 다양한 도형들이 들어 있으니까요.

그런데 대표적인 건축가인 가우디는 유난히 자연 속에 나타난 도형 모양을 건축물에 많이 응용했답니다. 안토니오 가우디는 어린 시절에 몸이 약했다고 해요. 그래서 친구들과 놀기보다는 혼자 노는 시간이 많았지요. 그러다보니 자연스럽게 자연과 친구가 되었는데, 산길을 산책하고, 숲에서 자연을 관찰하는 게 놀이가 된 거예요.
그 때문에 가우디는 건축물 속에 다양한 자연의 구조를 들여왔어요. 나무의 몸통과 줄기에서 모티브를 얻은 타원형의 거대한 기둥! 꽃 구조를 모방한 건축 모양! 벌집 모양의 창문! 빙글빙글 올라가는 계단 등 자연 속의 입체구조들은 그대로 가우디의 건축이 되었지요.

가우디

구엘 공원

카사 바트요

이집트의 대표적인 유적인 피라미드도 도형의 집합체라고 할 수 있어요. 피라미드는 이집트 왕의 무덤으로 알려져 있는데, 그 자체가 이미 입체도형이랍니다. 피라미드는 멀리서 보면 작은 삼각형처럼 보여요. 하지만 가까이에서 보면 4개의 삼각형과 1개의 사각형으로 이루어진 사각뿔의 입체도형이지요. 그래서 위에서 피라미드를 내려다보면 사각형으로 보인답니다.

그럼 고대 이집트인들은 왜 이런 모양으로 피라미드를 만든 걸까요? 그 이유는 사각뿔이 안정적인 구조이기 때문일 거라고 사람들은 추측하고 있어요. 돌을 수직으로 쌓으면 무너지기 쉽지만, 사각뿔 구조는 위로 올라갈수록 안쪽으로 경사가 조금씩 지기 때문에 쉽게 무너지지가 않거든요.

피라미드가 오랫동안 남아 있기를 원한 이집트인들의 마음이 결국 이처럼 독특한 구조의 건축물을 만들어냈던 거예요. 그렇다고 해서 모든 피라미드가 사각뿔의 입체도형 구조인 건 아니에요. 초기 피라미드인 마스타바는 밑면이 직사각형인 사각뿔대이고, 그 후엔 계단식 피라미드도 만들어졌거든요. 사각뿔대란 사각뿔의 중간 부분을 밑면과 평행하게 자른 도형이에요.

피라미드